AF351683

Sagitario Horóscopo 2024

Angeline A. Rubi

Alina A. Rubi

Publicado Independientemente

Derechos Reservados © 2024
Astróloga: Alina A. Rubi

Edición: Alina. Rubi y Angeline A. Rubi
rubiediciones29@gmail.com

Ninguna parte de este anuario 2024 puede ser reproducido o transmitido en cualquier forma o por cualquier medio electrónico o mecánico. Incluyendo fotocopiado, grabación, o cualquier otro sistema de archivo y recuperación de información, sin el previo permiso por escrito del autor.

¿Quién es Sagitario?

Fechas: 23 de noviembre - 21 de diciembre

Día: jueves

Color: azul púrpura, verde y blanco

Elemento: fuego

Compatibilidad: Libra, Géminis, Leo y Aries

Símbolo:

Modalidad: mutable

Polaridad: masculina

Planeta regente: Júpiter

Casa: 9

Metal: Estaño

Cuarzo: Turquesa y Topacio

Constelación: Sagitario

Personalidad de Sagitario

Sagitario es uno de los signos más positivos del zodiaco. Son versátiles y les encanta la aventura y lo desconocido. Tienen la mente abierta a nuevas ideas y experiencias y mantienen una actitud optimista incluso cuando las cosas se ponen difíciles.

Son personas abiertas y alegres que transmiten energía positiva a las personas que les rodean. Tienen una naturaleza religiosa y espiritual y una gran moral.

Sagitario es un signo que ama descubrir, viajar al extranjero, explorar, la aventura, el riesgo, probar suerte, ampliar conocimientos, y disfruta de su vida social. Sagitario se toma la vida con humor, con filosofía.

Les atraen los deportes de riesgo y aquellos que se pueden practicar en solitario por su marcada auto confianza, los viajes que les permiten entrar en contacto con culturas y religiones distintas a la suya, la naturaleza, el saber, la religión, la filosofía, las leyes, la justicia y las normas sociales.

Sí disfrutan de una relación estable y equilibrada los Sagitario muestran su mejor cara y serán excelentes padres y esposos, transmitiendo a sus hijos valores morales y éticos, además de mostrar su lado jovial, alegre, y entusiasta entre los suyos. Son muy apasionados y carpe diem podría ser su lema en la vida, ya que, son tan entusiastas que no quieren desaprovechar ningún segundo de sus días. Son buenos amigos, nobles, leales y sinceros. Precisamente esta sinceridad puede volverse en su contra y crearle conflictos con personas que piensen diferente a ellos.

Son empáticos, buenos consejeros, son positivos, suelen simplificar las cosas, le ven el lado bueno a todo y por lo tanto suelen autoengañarse. No les gusta la rutina, son dinámicos, adaptables, honestos e ingenuos. Su audacia hace que le gusta la naturaleza, viajar, aventurarse.

Un Sagitario es un alma espiritual, filosófica y profunda. Una de las cosas que más atrae de los sagitarianos es su capacidad de ver un panorama más amplio, y ser capaz de dar consejos para los problemas de sus amigos. Los Sagitarios atraen la riqueza, o la generan. Tienen ideas, energía y talento para hacer realidad su visión. Sin embargo, la riqueza sola no es suficiente.

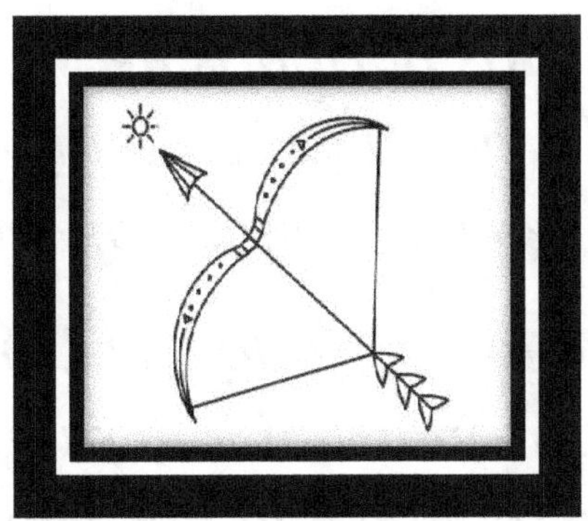

Horóscopo General de Sagitario

Este va a ser un año prometedor para Sagitario. Tu vida personal y profesional será buena, aunque tendrán su cuota de desafíos y responsabilidades.

Tendrás que hacer algunas decisiones importantes, por ende, debes confiar en los consejos de tus amigos y seres queridos.

Este es un periodo que te sacará de tu rutina y te animará a perseguir las ambiciones de tu vida. Este será un año que te regalará una sensación de plenitud.

Este es un año de suerte para Sagitario, pero el trabajo duro y el compromiso serían la clave para poder triunfar. No seas miope, aprende a mirar el panorama general. Todos tus movimientos debes hacerlos con sabiduría.

A partir del 25 de mayo, Júpiter, tu regente, transita hacia Géminis. Esto te ayudará a acercarte a tu destino.

Durante los períodos de Mercurio Retrógrado es probable que desees planificar nuevos comienzos y enfocarte en segundas oportunidades.

Durante los períodos de Luna Nueva se te pueden presentar oportunidades únicas, por eso debes ser muy inteligente con tus decisiones y tener fe en ti mismo.

Durante los períodos de Luna llena tus emociones estarán a flor de piel, debes prestar más atención a tus deseos y necesidades.

La salud de Sagitario será promedio para este año. Debes estar alerta y preocuparte por tu bienestar general. Tendrás etapas de mucho estrés y ansiedad que afectarán enormemente tu salud. Los hábitos poco saludables podrían interferir con tu salud cardíaca.

Sean cuidadosos con las adicciones. Descansen lo suficiente, y confíen más en las comidas caseras que en las comidas rápidas.

El año es favorable para tu vida familiar, tendrás prosperidad y felicidad en tu hogar. Sin embargo, la salud de los niños puede provocarte preocupaciones.

Aquellos que deseen tener un bebé podrán concebirlo durante los últimos meses del 2024.

El amor florecerá, pero debes tratar de resolver cualquier diferencia que exista en tu relación.

Amor

Este año pondrás una atención adicional a tus relaciones amorosas, ya que cualquier problema existente puede empeorar. Debes trabajar para eliminar los bloqueos en el amor.

Durante los períodos de Eclipses te puedes reconectar con viejos amores. Los Eclipses pueden recordarte que debes estar alegre, divertirte y dejar que, entre el amor a tu vida, si estás soltero.

Los períodos de Luna llena te acercarán a aquellos con los que tienes vínculos sólidos y con los que sientes una conexión espiritual, pero te alejarás de las personas toxicas.

Júpiter después del 25 de mayo y por el resto del 2024, les aportará energía a sus relaciones. Tendrás la oportunidad de conocer a muchas personas importantes y de esas nuevas conexione puede surgir un amor.

Si estás en una relación, puedes decidir comprometerte.

Durante los períodos de Luna nueva estarás abierto al compromiso, y a los vínculos emocionales y físicos con los demás. Te espera sentimentalismo, sensualidad, pasión, y mucha diversión.

Economía

Urano continúa trayendo cambios a tu vida laboral, pero Júpiter te regala oportunidades para hacer los cambios que deseas.

Tendrás nuevas oportunidades para proyectos, o un trabajo completamente nuevo que te entusiasmará.

Vigila los períodos de Luna nueva porque durante ellos es donde aparecerán las nuevas oportunidades para que puedas prosperar.

Estarás más productivo, eficiente y organizado, y cualquier proyecto que estés involucrado dará muchos frutos, es decir mucho dinero, después de agosto.

Durante los períodos de Luna Llena te sentirás conectado emocionalmente tu trabajo o profesión. Durante esos períodos te acercarás al final de etapas importantes para ti financieramente.

Debes tener planes financieros e invertir sabiamente. No te dejes llevar por las opciones de inversión comunes y corrientes, porque puedes perder tu capital. Júpiter y Saturno favorecen tus planes de inversión a largo plazo. En general, este es un año en el que no se sentirás ninguna crisis financiera.

Salud de Sagitario

Como tú eres un signo tan activo corres el riesgo de no darte cuenta de cómo se te acumulan la fatiga crónica y el estrés. Es recomendable que dediques tiempo a la relajación. Unos masajes, conversar con tus amigos, y caminar por la orilla de la playa, mejorarán tu estado de ánimo y tu apetito.

Una dieta saludable es recomendable, trata de consumir suficientes alimentos ricos en vitaminas. Debido a la deficiencia de ciertas vitaminas puedes experimentar problemas en la piel.

Debes evitar las tensiones nerviosas y no asumir tantas responsabilidades a la vez. Unas vacaciones junto al mar no solo serian emocionante, sino que tendrán un buen efecto en tu bienestar físico y mental.

Algunos Sagitario tendrán varias citas con el dentista, y otros se despedirán tristemente de sus comidas favoritas. Debes hacer dieta.

Cualquier esfuerzo no será en vano. La moderación y un enfoque en tu salud se convertirán en fuentes de optimismo.

Familia

Pueden existir algunos asuntos nebulosos en tu hogar, pero estos eventos fortalecerán tu intuición emocional.

Algunos viejos problemas relacionados con tu hogar y la familia vas a tener que eliminarlos. Esto puede significar varios períodos de incertidumbre, inestabilidad o falta de conexión familiar.

Es posible que te mudes a otro lugar, o que compres una propiedad, amplíes la familia o asumas grandes responsabilidades familiares. Los periodos de Luna Nueva son los que pueden traer estas oportunidades.

Mucho cuidado durante los Eclipses lunares ya que esta fuerte energía puede amplificar cualquier problema familiar. Lo inteligente seria tratar de mejorar las cosas antes de los Eclipses.

Fechas Importantes

01/ 02- Mercurio transita directo en Sagitario.

Podrás comunicarte con más fluidez, tus pensamientos se enfocarán con más facilidad hacia el futuro.

05/23- Luna Llena en Sagitario.

Tendrás la oportunidad de abandonar las formas de pensar que limitan tu crecimiento. Es el momento perfecto para ampliar tu perspectiva y sentirte más seguro. Esta Luna Llena marca el fin de vínculos emocionales que no están en sintonía con tu energía. Se cierra un capítulo en tu vida relacionado a asuntos financieros. Debes encontrar equilibrio en tus rutinas diarias.

10/17- Venus transita a Sagitario.

Es el momento de conquistar ya que tu aura estará magnética. La seriedad no será parte de tus planes románticos y tendrás la oportunidad de probar cosas nuevas.

11/ 02- Mercurio transita a Sagitario.

Tendrás una comprensión más clara de las motivaciones de las personas y sus acciones.

11/21- Sol entra en Sagitario.

11/ 26- Mercurio Retrogrado en Sagitario.

Evita firmar acuerdos. Reflexiona sobre tu pasado, aprende a pedir perdón y se flexible con tus horarios. Planifica todo con antelación. No tomes decisiones importantes.

12/ 01- Luna Nueva en Sagitario.

Analiza tus relaciones personales, tomate las cosas con calma y libérate del estrés. Elimina la rutina, planifica cosas nuevas con esfuerzo y dedicación. Proponte metas sólidas.

12/ 06- Sol en conjunción a Mercurio en Sagitario.

Dia perfecto para que comuniques tus ideas con claridad y seguridad.

12/15- Mercurio directo en Sagitario.

Podrás comunicarte con más fluidez, tus pensamientos se enfocarán con más facilidad hacia el futuro.

Horóscopos Mensuales de Sagitario 2024

Enero 2024

Este mes recibirás un dinero extra, no lo malgastes. Siempre es saludable tener un plan de emergencia por si las cosas salen en mal.

Es un mes donde debes estar más presente en la vida de las personas que quieres, no es que pases todos los días con ellos, pero si darte el tiempo de compartir algunas días dentro del mes.

A mitad del mes te sentirás muy entusiasmado, debes canalizar ese entusiasmo decorando tu hogar.

No lograrás ponerte de acuerdo con alguien en tu trabajo y desafortunadamente esta situación se va a prolongar por varias semanas. Recuerda que la comunicación es una parte muy importante en esta discusión.

Te preguntarás si debes decir que sí a esa solicitud que te ha hecho una persona que no habías notado. Debes hacerlo pues esta persona va a jugar un papel especial en tu vida, y a significar una historia singular y necesaria. Una de amor verdadero.

Estás dejando de ganar dinero tonterías, por no dar a doblar tu brazo en una disputa sin importancia.

Números de la suerte

12-19 -21 -33-36

Febrero 2024

Organiza mejor tus horarios para que el tiempo de sueño necesario no se afecte. Tus sueños solo acudirán a guiarte si les das el tiempo y espacios necesarios.

Los regalos son parte esencial del romance, pero esos regalos no puedes sustituir la presencia y cuidado, al tiempo de calidad y al amor en sí mismo.

Si estás solo, no dejes que sea la envidia la que te acerque a esa persona, fue la pareja de alguien que tiene temas pendientes contigo, pero el amor no puede ser una venganza.

Te ofrecerán un negocio muy bueno por alguien que tiene confianza en que podrás terminarlo, muéstrate con agradecimiento por haber sido considerado para esta propuesta y esfuérzate.

No olvide que tienes que estar al corriente de todas las tecnologías nuevas y los nuevos estudios que han salido en la profesión que te desempeñas.

No temas amar nuevamente, la persona que ha llegado a tu vida te está haciendo ver las cosas de una forma diferente, pero tienes temor de entregarte por malas experiencias que viviste, confía más en la vida.

Números de la suerte

4 - 17 - 20 - 33 - 35

Marzo 2024

Este mes tendrás que tomar una decisión importante en el amor, ya que probablemente una persona que te gusta mucho no siente lo mismo por ti. Debes prestar atención porque hay alguien más en tu vida que tiene toda su atención puesta en ti y tú no has querido darle entrada a tu corazón, debes analizar bien lo que quieres.

No debes caer en conductas erráticas solo porque algunos de tus amigos lo hacen, no es justo con las personas que te quieren. Si estás en un momento de debilidad de carácter y quieres probar cosas que no debes, primero debes pensar en las consecuencias que eso tendrá para tu familia y para tu futuro.

Un error que cometiste en el pasado volverá a atormentarte, por lo que probable que tengas que pedir disculpas o tengas que pagar algo que debes.

A final del mes la velocidad de tus pensamiento se acelera, te darás cuenta de que lo quete tomaba horas procesar lo haces en unos minutos. Con esta predisposición mental puedes conseguir muchas cosas.

Números de la suerte
2 - 10 - 18 - 19 - 23

Abril 2024

Este mes no debes estar postergando todo lo que quieres hacer por lo que tienes como obligación de hacer. Llegó el momento de tomar las riendas de tu vida y comenzar a organizar tus prioridades, dentro de las cuales siempre deben estar los tiempos para hacer las cosas que disfrutas.

No puedes estar pendiente de la vida de todas las personas. Debes hacerle saber a quienes te rodean que tienen que tomar decisiones por sí mismas, ya que no siempre vas a estar ahí para ayudarlos.

Alguien se ha estado aprovechando de tu bondad, has pensado en ello, pero no has querido aceptar la verdad, es momento de hacerlo, porque no puedes seguir aceptando ese trato donde no estás recibiendo nada a cambio por tus esfuerzos.

Tu mente está en un periodo de una creatividad inmensa. Posees una sed constante de información. Apaga la sed tomando un curso de capacitación avanzada que te ayude a ser mejor en tu profesión.

Hay personas que quieren dañar la reputación de pareja propagando rumores. Debes escuchar con atención y protegerte de esas personas.

Números de la suerte
2 - 8 - 26 - 30 - 33

Mayo 2024

Este es un mes perfecto para negociar y concretar acuerdos. El dinero llegará a ti de formas misteriosas.

Recuerda que el exceso es un enemigo. La organización será clave este mes junto con la paciencia y la capacidad de convertir lo negativo en algo positivo.

Debes esforzarte para crear equilibrio entre el hogar, la familia, los amigos y tu futuro financiero.

En el nombre del amor debes restringir tu coqueteo. Alinea tu corazón y deseos.

Intenta siempre llegar en hora a tu trabajo, cumplir con todas tus tareas y ser muy responsable.

Si estás soltero tendrás la oportunidad perfecta de encontrar un nuevo amor. Si tienes una relación estable, es momento de afianzar esos lazos sentimentales, y si la relación es a distancia, no olvides demostrar cuánto te preocupas por tu pareja.

Pueden presentarse algunos malestares por problemas hepáticos, mantén el control, limita el alcohol y seguir una buena dieta para lograr aliviar tu cuerpo.

Números de la suerte
5 - 12 - 16 - 22 - 27

Junio 2024

Estás desperdiciando tu tiempo y tu talento, no debes rendirte porque tus esfuerzos se verán recompensados. Planifica tu economía si no quieres tener sorpresas desagradables. Debes tomar todas las decisiones con mucha valentía.

Últimamente estás pasando por muchas tensiones y las consecuencias empiezan a surgir. Has tenido que soportar mucho, pero los problemas empiezan a resolverse y es momento de que te tomes las cosas con calma.

No menosprecies algunos cambios, algunos de ellos son positivos, pero otros puede que no sean tan favorables como parecen a primera vista. No te precipites y analiza las alternativas y perspectivas futuras de cada opción.

Es probable que discutas con algún amigo y termines retirando tu confianza en él. Toda esta situación es debida al nerviosismo por las circunstancias económicas que no deberías permitir que influyan negativamente en ti.

Trata de internalizar las oportunidades ya que te espera una sorpresa. Camina a tu propio ritmo, algo grande se avecina.

Números de la suerte

14 - 17 - 24 - 29 – 30

Julio 2024

Este mes recuerda que tu corazón y tu cabeza no deben estar en conflicto. Puede ser que este mes cambies de lugar de trabajo, no te desesperes.

Tendrás el coraje para enfrentarte al problema de una deuda pendiente, así como la capacidad de negociar el tipo de plan de pago que puedas afrontar.

Después del día 14 se producirá una discusión con tu pareja, te dirá cosas hirientes. Depende de ti la decisión de continuar o no al lado de alguien capaz de lastimarte.

En tu lugar de trabajo hay personas que no tienen tu capacidad y conocimientos, pero que ocupan cargos más importantes y mejor remunerados que el tuyo. Consideras que no reconocen tu preparación, ni tus conocimientos y te sientes menospreciado. Todo esto sucede porque no sabes exigir lo que te corresponde. Debes pelear por lo que deseas y evita ceder con facilidad.

Debes enfocarte en tomar una dirección sobre lo que quieres o no hacer en el futuro, no tengas miedo.

Números de la suerte
6 - 8 - 22 - 25 - 35

Agosto 2024

No tienes la paciencia que se requiere para cultivar relaciones a largo plazo. Siempre deseas resultados inmediatos, eso puede interponerse en tu camino del crecimiento.

Asistirás a una fiesta en grupo donde tu y esa persona especial saldrán antes para dedicarle un poco de tiempo a una conversación íntima.

Para entender los caminos del amor debes pedir consejos a tus amistades. Si quieres tener una pareja, debes cuidarla.

Un mes perfecto para quienes desean comprar una casa, por lo menos tienes que comenzar a ahorrar para poder lograrlo.

Hay una persona que tiene mucho interés en ti, pero lo está perdiendo al ver la frialdad que te comportas.

Es necesario que controles tus gastos, probablemente te saldrás de tu presupuesto y eso te afectará de una forma que no esperas.

Números de la suerte

5 - 12 - 21 - 22 - 23

Septiembre 2024

Este mes no indica que vayan a haber grandes cambios en tu vida sentimental. Los que se encuentran en una relación estable no experimentarán grandes cambios, y tampoco es probable que los solteros encuentren su alma gemela.

Es posible que quien trabaja esté sometido a grandes transformaciones e incluso es posible que te ofrezcan la posibilidad de trabajar en el extranjero o de hacer viajes relacionados con el trabajo.

Serás proclive a prestar menos atención a tu salud, es importante que hagas un esfuerzo para no caer en esa tendencia. Una buena alimentación, ejercicios y una vida sana te llenarán de vitalidad. Debes evitar los excesos, podrías terminar estresado o con ansiedad.

Pueden surgir posibilidades de romances fuera de tu matrimonio, pero esto no significa que las aprovecharán.

De todos modos, tu relación de pareja está puesta a prueba, es importante que, ante pequeños malentendidos, no te retires pensando que todo se resuelve solo, trata de ser proactivo para resolverlo conversando, y escuchando.

Números de la suerte
4 - 8 - 12 - 13 - 22

Octubre 2024

Este mes tu trabajo y profesión seguirán con su inercia. Pensarás tomarte unas vacaciones, por esa razón no tendrás que trabajar mucho y no tendrás que tomar decisiones importantes.

De todo modos económicamente te irá bien, pero las cosas evolucionarán lentamente. No es el mes para grandes inversiones, debes comprar lo básico, para tu vida sin realizar gastos excesivos

Disfrutarás haciendo ejercicios, y saliendo de noche con tus amigos.

En el amor ti irá bien. Si tienes pareja, la relación avanzará con tranquilidad. Si estás soltero, puede ser un mes en el que tendrás mucho éxito con el sexo opuesto, por eso podrías tener varias relaciones esporádicas. El asunto es que no tienes claro si quieres comprometerte o no. Aunque conozcas a alguien especial, lo dejarás escapar.

Tus deseos de avanzar y tu ambición harán que estés enfocado en el trabajo a final del mes, porque quieres tener éxito. Tu hogar estará muy tranquilo, pero el reto del mes es compaginar tu trabajo con la familia.

Números de la suerte

4 - 8 - 12 - 13 - 22

Noviembre 2024

Este mes el cansancio y el estrés te debilitarán, debes mantenerte lo más fuerte posible. Duerme bien, descansa, tómate vitaminas, has lo que sea necesario para que no te afecte demasiado.

Si está en pareja, te sentirás bien, pero empezarás a cuestionarte si esa relación es realmente lo que tú necesitas. Esto te hará estar enfocado en tus pensamientos. Si estás solo, no es un mes para empezar una relación estable. No porque no encuentres a personas interesantes, sino porque no sabes bien lo que deseas.

Económicamente es una buena etapa y el dinero te entrará con facilidad. Buen periodo para invertir a largo plazo, debes pensar en tu futuro.

Deberías aprovechar y empezar a planear unas vacaciones, para descansar y cargar las pilas. Necesitarás estar en forma para el próximo año 2025.

Cuídate, no sirve de nada que te mates a haciendo ejercicios para que te lesiones y tengas que estar inactivo una temporada.

Números de la suerte
11 - 12 - 13 - 17 - 25

Diciembre 2024

Si tienes pareja, tendrás un buen tranquilo, pero sentirás que tu pareja anda un poco por las nubes. Eso significa que no están sincronizados, pero no debes preocuparte, porque no es cosa tuya, es ella quien no sabe lo que quiere. Si estás soltero, es un buen mes para conocer personas. No te lances a lo loco, tómate tu tiempo para conocer bien a esa persona y no te equivoques.

El dinero te llegará de varias fuentes, lo cual llenará tu cuenta de banco exageradamente. Si tienes inversiones, te van a dar beneficios. Te vas a sentir afortunado y te podrás dar algunos lujos y caprichos. La gente te verá como a un millonario. Es un mes fantástico para tu economía.

Tu hogar estará muy bien, como te irá tan bien con el dinero, les podrás dar regalos. Te sentirás querido y notarás su apoyo incondicional.

Vas a tener energías para hacer lo que quieras. Te vas a divertir contigo mismo. Tu imagen será atractiva y te sentirás satisfecho. Evita accidentes.

Números de la suerte
2 - 7 - 17 - 25 - 36

Las Cartas del Tarot, un Mundo Enigmático y Psicológico.

La palabra Tarot significa "camino real", el mismo es una práctica milenaria, no se sabe con exactitud quién inventó los juegos de cartas en general, ni el Tarot en particular; existen las hipótesis más disímiles en este sentido.

Algunos dicen que surgió en la Atlántida o en Egipto, pero otros creen que los tarots vinieron de la China o India, de la antigua tierra de los gitanos, o que llegaron a Europa a través de los cátaros. El hecho es que las cartas del tarot destilan simbolismos astrológicos, alquímicos, esotéricos y religiosos, tanto cristianos como paganos.

Hasta hace poco algunas personas si le mencionabas la palabra 'tarot' era común que se imaginaran una gitana sentada delante de una bola de cristal en un cuarto rodeado de misticismo, o que pensaran en magia negra o brujería, en la actualidad esto ha cambiado.

Esta técnica antigua ha ido adaptándose a los nuevos tiempos, se ha unido a la tecnología y muchos jóvenes sienten un profundo interés por ella.

La juventud se ha aislado de la religión porque consideran que ahí no hallarán la solución a lo que necesitan, se dieron cuenta de la dualidad de esta, algo que no sucede con la espiritualidad. Por todas las redes sociales te encuentras cuentas dedicadas al estudio y lecturas del tarot, ya que todo lo relacionado con el esoterismo está de moda, de hecho, algunas decisiones jerárquicas se toman teniendo en cuenta el tarot o la astrología.

Lo notable es que las predicciones que usualmente se relacionan al tarot no son lo más buscado, lo relacionado al autoconocimiento y la asesoría espiritual es lo más solicitado.

El tarot es un oráculo, a través de sus dibujos y colores, estimulamos nuestra esfera psíquica, la parte más recóndita que va más allá de lo natural. Varias personas recurren al tarot como una guía espiritual o psicológica ya que vivimos en tiempos de incertidumbre y esto nos empuja a buscar respuestas en la espiritualidad.

Es una herramienta tan poderosa que te indica concretamente qué está pasando en tu subconsciente para que lo puedas percibir a través de los lentes de una nueva sabiduría.

Carl Gustav Jung, el afamado psicólogo, utilizó los símbolos de las cartas del tarot en sus estudios psicológicos. Creó la teoría de los arquetipos, donde descubrió una extensa suma de imágenes que ayudan en la psicología analítica.

El empleo de dibujos y símbolos para apelar a una comprensión más profunda se utiliza frecuentemente en el psicoanálisis. Estas alegorías constituyen parte de nosotros, correspondiendo a símbolos de nuestro subconsciente y de nuestra mente.

Nuestro inconsciente tiene zonas oscuras, y cuando utilizamos técnicas visuales podemos llegar a diferentes partes de este y desvelar elementos de nuestra personalidad que desconocemos. Cuando logras decodificar estos mensajes a través del lenguaje pictórico del tarot puedes elegir que decisiones tomar en la vida para poder crear el destino que realmente deseas.

El tarot con sus símbolos nos enseña que existe un universo diferente, sobre todo en la actualidad donde todo es tan caótico y se les busca una explicación lógica a todas las cosas.

La Rueda de la Fortuna, Carta del Tarot para Sagitario 2024

Cambio favorable, suerte, condiciones nuevas y mejorías.

Éxito y evolución gracias a tu creatividad, suerte en los juegos de azar, equilibrio entre fuerzas contrarias. Esta carta representa el principio de la polaridad que nos lleva a enfrentar los cambios con valor.

Simboliza los ciclos de la vida y habla de nuevos inicios, transformaciones regidas por el destino y, por ende, fuera de tu control.

El deseo de aventuras, la espontaneidad y el buen humor.

Presagia victorias y éxitos. Sin embargo, debes recordar que nada viene servido en una bandeja de plata.

Aunque el éxito llame a tu puerta, debes continuar luchando por él.

Significa una victoria merecida.

Simboliza el trabajo duro y la dedicación, lo que indica que el éxito no será fácil, tienes que ganártelo.

Debes tomar las riendas de tu destino y prepararte para aprovechar las oportunidades que este año 2024 te regalará.

Runas del Año 2024

    Las runas son un conjunto de símbolos que forman un alfabeto. "Runa" significa secreto y simboliza el ruido de una piedra chocando con otra. Las runas son un antiguo método visionario y mágico.

    Las runas no sirven para predicciones exactas, pero sí para orientarte sobre un hecho futuro, un tema o una decisión.

    Las runas tienen un significado específico para la persona que lo desee, pero también algún mensaje relacionado con las adversidades que se presentan en la vida.

Thurisaz, Runa de Sagitario 2024

Es el año para tomar decisiones. No obstante, recuerda que una decisión apresurada ocasiona errores graves. Por eso, evita actos impulsivos, trata de no hacer nada que supere tus capacidades. Es decir, piensa bien antes de actuar.

Siempre existen factores externos que escapan de tu control, por esa razón debes ser tolerante.

Aún te queda mucho por hacer debes esperar y, antes de dar el primer paso, analizar la situación, el pasado, tus errores y aciertos. Así cuando sea el momento podrás tomar la decisión correcta.

No actúes hasta que las condiciones sean favorables.

El trabajo que debes hacer no es solamente externo, debes revisar con calma tu alma y tu corazón.

Analiza cómo has llegado al momento actual y visualiza los logros y desafíos antes de actuar.

Thurisaz te advierte que a lo que realmente te enfrentas es al reflejo de lo que está oculto en tu subconsciente.

La energía del conflicto que estás atravesando es neutral, por esa razón debes aceptar las dinámicas involucradas.

Esta runa anuncia que te encuentras protegido y que tienes el poder para enfrentarte a cualquier obstáculo.

Colores de la Suerte

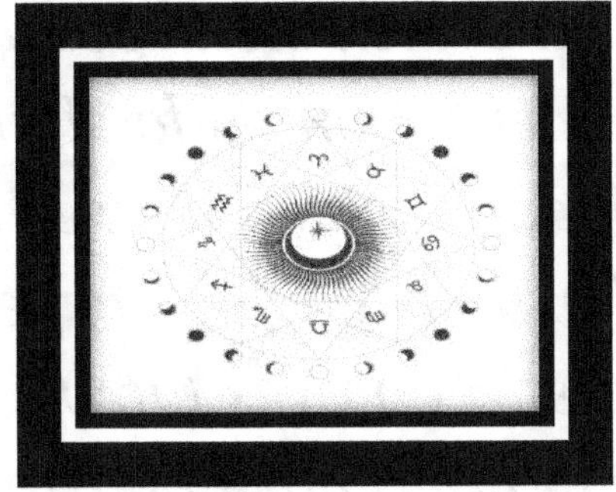

Los colores nos afectan psicológicamente; influyen en nuestra apreciación de las cosas, opinión sobre algo o alguien, y pueden usarse para influir en nuestras decisiones.

Las tradiciones para recibir el nuevo año varían de país a país, y en la noche del 31 de diciembre balanceamos todo lo positivo y negativo que vivimos en el año que se marcha. Empezamos a pensar qué hacer para transformar nuestra suerte en el nuevo año que se aproxima.

Existen diversas formas de atraer energías positivas hacia nosotros cuando recibimos el año nuevo, y una de ellas es vestir o llevar accesorios de un color específico que atraiga lo que deseamos para el año que va a comenzar.

Los colores tienen cargas energéticas que influyen en nuestra vida, por eso siempre es recomendable recibir el año vestidos de un color que atraiga las energías de aquello que deseamos alcanzar.

Para eso existen colores que vibran positivamente con cada signo zodiacal, así que la recomendación es que uses la ropa con la tonalidad que te hará atraer la prosperidad, salud y amor en el 2024. (Estos colores también los puedes usar durante el resto del año para ocasiones importantes, o para mejorar tus días.)

Recuerda que, aunque lo más común es usar ropa interior roja para la pasión, rosada para el amor y amarilla o dorada para la abundancia, nunca está demás adjuntar en nuestro atuendo el color que más beneficia a nuestro signo zodiacal.

Sagitario

Naranja

Las palabras claves del color naranja son: *energía, alegría, felicidad, y creatividad.*

El naranja es un color alegre que ayuda a liberar las emociones negativas. Utilizarlo te hará sentir seguro, y comprensivo con los defectos de las otras personas.

El naranja es un color que estimula la mente, renueva las ilusiones y es antidepresivo.

El color naranja es muy y utilizado en el budismo, ya se asocia con el chacra sacral, y se relaciona con la sexualidad, creatividad y pasión. Este chacra se asocia con el elemento agua y ayuda a equilibrar las emociones y a aumentar las energías vital.

Amuletos para la Suerte

¿Quién no posee un anillo de la suerte, una cadena que nunca se quita o un objeto que no regalaría por nada de este mundo? Todos le atribuimos un poder especial a determinados artículos que nos pertenecen y ese carácter especial que asumen para nosotros los convierte en objetos mágicos.

Para que un talismán pueda actuar e influir sobre las circunstancias, su portador debe tener fe en él y esto lo transformará en un objeto prodigioso, apto para cumplir todo lo que se le pida.

Usualmente un amuleto es cualquier objeto que propicia el bien como medida preventiva contra el mal, el daño, la enfermedad, y la brujería.

Los Amuletos para la buena suerte pueden ayudarte a tener un año 2024 lleno de bendiciones en tu hogar, trabajo, con tu familia, atraer dinero y salud. Para que los amuletos funcionen adecuadamente no debes prestárselos a nadie más, y debes tenerlos siempre a mano.

Los amuletos han existido en todas las culturas, y están hechos a base de elementos de la naturaleza que sirven como catalizadores de energías que ayudan a crear los deseos humanos.

Al amuleto se le asigna el poder de alejar los males, los hechizos, enfermedades, desastres o contrarrestar los malos deseos lanzados a través de los ojos de otras personas.

Amuleto para Sagitario

Caballo

Los caballos se consideran símbolos de riqueza. En la antigüedad los caballos eran regalados a los emperadores y reyes porque son símbolos de triunfo y éxito.

Los caballos significan poder, fuerza, y coraje. Son símbolo de velocidad, valor y perseverancia.

Se asocian con el elemento Fuego y representan la fama, libertad y logro de los objetivos que requieran de tu fuerza energética.

Puedes poner adornos con la figura de un caballo, o varios en la sala, estudio, oficina o si trabajas en tu casa colocarlo en tu escritorio. Al ser considerado un amuleto para atraer el éxito y la buena suerte tiene que estar cerca de ti.

Cuarzos de la Suerte

Todos nos sentimos atraídos por los diamantes, rubíes, esmeraldas y zafiros, evidentemente son piedras preciosas. También son muy apreciadas las piedras semipreciosas como la cornalina, ojo de tigre, cuarzo blanco y el lapislázuli ya que han sido usadas como ornamentos y símbolos de poder por miles de años.

Lo que muchos desconocen es que ellos eran valorados por algo más que su belleza: cada uno tenía un significado sagrado y sus propiedades curativas eran tan importantes como su valor ornamental.

Los cristales siguen teniendo las mismas propiedades en nuestros días, la mayoría de las personas están familiarizadas con los más populares como la amatista, la malaquita y la obsidiana, pero actualmente hay nuevos cristales como el larimar, petalita y la fenacita que se han dado a conocer.

Un cristal es un cuerpo solido con una forma geométricamente regular, los cristales se formaron cuando la tierra se creó y han seguido metamorfoseándose a medida que el planeta ha ido cambiando, los cristales son el ADN de la tierra, son almacenes en miniatura que contienen el desarrollo de nuestro planeta a lo largo de millones de años.

Algunos han sido doblegados a extraordinarias presiones y otros crecieron en cámaras hondamente enterradas bajo tierra, otros gotearon hasta llegar a ser. Tengan la forma que tengan, su estructura cristalina puede absorber, conservar, enfocar y emitir energía.

En el corazón del cristal está el átomo, sus electrones y protones. El átomo es dinámico y está compuesto por una serie de partículas que rotan alrededor del centro en movimiento constante, de modo que, aunque el cristal pueda parecer inmóvil, en realidad es una masa molecular viva que vibra a cierta frecuencia y esto es lo que da la energía al cristal.

Las gemas solían ser una prerrogativa real y sacerdotal, los sacerdotes del judaísmo llevaban una placa sobre el pecho llena de piedras preciosas la cual era mucho más que un emblema para designar su función, pues transfería poder a quien la usaba.

Los hombres han usado las piedras desde la edad de piedra ya que tenían una función protectora guardando de diversos males a sus portadores. Los cristales actuales tienen el mismo poder y podemos seleccionar nuestra joyería no solo en función de su atractivo externo, tenerlos cerca de nosotros puede *potenciar nuestra energía (cornalina naranja), limpiar el espacio que nos rodea (ámbar) o atraer riqueza (citrina).*

Ciertos cristales como el cuarzo ahumado y la turmalina negra tienen la capacidad de absorber la negatividad, emiten una energía pura y limpia.

Usar una turmalina negra alrededor del cuello protege de las emanaciones electromagnéticas incluyendo la de los teléfonos celulares, una citrina no sólo te atraerá riquezas, sino que también te ayudará a conservarlas, sitúala en la parte de la riqueza en tu hogar (la parte posterior izquierda más alejada de la puerta de entrada).

Si estás buscando amor, los cristales pueden ayudarte, sitúa un cuarzo rosado en la esquina de las relaciones en tu casa (la esquina derecha posterior más alejada de la puerta principal) su efecto es tan potente que conviene añadir una amatista para compensar la atracción.

También puedes usar la rodocrosita, el amor se presentará en tu camino.

Los cristales pueden curar y dar equilibrio, algunos cristales contienen minerales conocidos por sus propiedades terapéuticas, la malaquita tiene una alta concentración de cobre, llevar un brazalete de malaquita permite al cuerpo absorber mínimas cantidades de cobre.

El lapislázuli alivia la migraña, pero si el dolor de cabeza es causado por estrés, la amatista, el ámbar o la turquesa situados sobre las cejas lo aliviarán.

Los cuarzos y minerales son joyas de la madre tierra, date la oportunidad, y conéctate con la magia que desprenden.

Amuleto de la Suerte para Sagitario

Ágata

Un cuarzo con gran poder energético. Ayuda a aumentar la autoestima, y transforma las energías negativas en positivas.

Ayuda a la estabilidad emocional, mental y física. Es buena para las migrañas, alivia todo tipo de malestares físicos, como dolores musculares, articulares y óseos.

Es conocida como la piedra de la confianza. Te brindará riqueza y abundancia en todas las áreas de tu vida.

Ayuda a desarrollar la creatividad, y seguridad. También se le asignan facultades para evadir las maldiciones.

Si la colocas debajo de tu almohada no tendrás problemas para dormir, alejarás el insomnio, y el estrés por las noches, o las ansiedades.

Te otorgará una mentalidad calculadora.

Actúa como amuleto para que las cosas marchen bien y obtengas prosperidad en un periodo corto de tiempo.

Para tomar ventaja de las cualidades de protección de este cuarzo debes tenerla contigo siempre.

Compatibilidad de Sagitario y los Signos Zodiacales

Sagitario

Sagitario, es un signo está en la eternamente colectando conocimiento. Puedes encontrártelo cruzando los mares, e indagando en todos los escondites del universo en sus viajes en su búsqueda de emociones.

Cuando se hablade amor todos los días y horas son una aventura para este activo signo de fuego. Júpiter, el planeta de la abundancia es el regente de Sagitario, la suerte persigue a este signo dondequiera que va, y como centauro astrológico, Sagitario desea desarrollo mental, filosófico y espiritual, y por supuesto mucha diversión.

Sagitario tiene la capacidad convertir cualquier cosa, incluso la actividad más terrenal, en una hazaña fascinadora. Literalmente todos tenemos una historia, y como Sagitario es un magnífico orador, puede compartir estas memorias con sus amigos, familiares y forasteros por igual de formas que inspiran y dan luz a cualquier lugar. Además de provocar risas contagiosas en su público.

Como este signo de fuego es atractivo, siempre está rodeado de ansiosos espectadores, en otras palabras, este signo es definitivamente el chiquillo famoso del zodíaco. Como signo mutable, Sagitario también es adaptable, de hecho, tiene un deseo enraizado de cambio repetido. A Sagitario le encanta adquirir nuevas éticas, ideologías, y lógicas, cambiar de perspectiva y, quizás lo más importante, viajar por el mundo.

El excursionista del zodíaco tiene una cualidad errante, y puede ponerse caprichoso si perdura en un lugar durante mucho tiempo, por eso es fundamental que este signo tenga la libertad de explorar. No todo el mundo tiene la capacidad de mantenerse al día con las inquietudes siempre inestables de Sagitario, por lo que cuando se trata de pasión, este signo de fuego es conocido por conquistar corazones.

Sagitario es también el payaso del zodíaco, siempre está diciendo una historia o un chiste, por lo que cada plática está impregnada de ocurrencias, y considerable sinceridad. Aunque no tienen contrincante, Sagitario debe acordarse de ser cuidadoso con su lengua tajante y sus comentarios satíricos. En ocasiones, su energía se pasa del límite luciendo presuntuoso o incluso despreciable.

La cualidad mutable de Sagitario lo hace un poco áspero cuando se trata de decisiones como es establecer un compromiso en una relación. Al tener con tantas posibilidades, padece al escoger la relación correcta ya que le gusta mantener sus opciones abiertas.

Para evitar sentirte opacado, debes ser honesto con este signo, conversa con él, se firme, y todo irá bien porque si algo que Sagitario aprecia es la sinceridad.

Con su espíritu aventurero inmutable, salir con Sagitario es como volar en un globo, o tirarse de un paracaídas con mal tiempo, porque a él le gusta vivir al borde, donde haya una mayor probabilidad de descubrir algo nuevo.

Cuando se trata de relaciones las cosas se ponen peligrosas con Sagitario, ya que puede verse estimulado a perseguir relaciones de alto riesgo. No es fácil atraer la atención de Sagitario, después de todo, el Centauro no permanece en un lugar el tiempo suficiente para mantener la motivación. Por ende, si estás tratando de conquistar a un Sagitario, tendrás que mantener este signo dinámico en sus pies, no temas mostrar los aspectos más enérgicos de tu personalidad.

A Sagitario le atrae que te defiendas, asegúrate de mantener tu estilo de comunicación ameno. Vivaracho y de espíritu libre, el centauro tiende a tener una aspecto despreocupado cuando se trata de sexualidad, y sus relaciones físicas pueden variar de accidentales a comprometidas, y como es un arqueólogo natural, el sexo siempre es una evento para este signo fogoso.

Sagitario ve la intimidad como una ocasión para el auto descubrimiento y el esparcimiento intelectual, por lo que cuando se trata de sexo, tiende a ser un serio perseguidor de emociones. Cuando Sagitario decide comprometerse las cosas no cambian tienes que tratar de mantener un estilo de vida aventurero 24/7.

Las relaciones serias consisten en compartir las debilidades, crear un método de soporte y abordar las realidades juntos, pero si tu itinerario no puede resistir el programa propuesto por Sagitario, trata de hacer de cada día una suceso.

Considera explorar prácticas de bienestar alternativas con tu pareja el centauro, le encantará desarrollar sus fronteras espirituales contigo a su lado. Cuando se trata de aventuras, Sagitario simplemente está buscando un acompañante divertido, él quiere estar con alguien que lo rete a ampliar sus horizontes. Pero nunca te olvides que inclusive dentro de una relación, Sagitario detesta los límites, así que, si te encuentras en una relación con este signo, cerciorarte de tener tu muelle de entrada listo. No sabrás lo que se avecina, pero seguramente será un viaje implacable.

Los límites no son algo malo, de hecho, proporcionan un marco sólido para la relación. Cuando te relaciones con Sagitario, intenta crear cosas desde el principio que esclarezcan lo que conviene y no conviene hacer en una relación. S deseas que tu Sagitario te envíe mensajes todas las noches, debes decirle desde el principio, porque así será más fácil para Sagitario entender la relación si las reglas son claras.

Sagitario siempre está buscando emociones nuevas, su libertad debe ser respetada para mantener cualquier relación a largo plazo saludable, déjale saber que estás ansioso por participar en sus ocupaciones, pero permítele tomar la decisión por sí mismo y evita hacerlo sentir culpable si decide hacerlo por sí mismo.

Sagitario es muy sincero, por lo que cuando inicia un rompimiento, los términos son sencillos, si dice que se acabó, realmente se terminó, con el no hay marcha atrás. Como es un bohemio, le resulta fácil empaquetar e irse cuando las cosas no funcionan. De hecho, Sagitario a menudo puede avanzar como si una relación nunca hubiera existido en primer lugar.

***Sagitario y Aries**, es una relación llena de energía. Sagitario tiene una vitalidad contagiosa, es divertido, y curioso. Casi nadie puede caminar al paso de un Sagitario, Aries, sin embargo, admira y se inspira con este signo tan activo. La propia energía rozagante de Aries se perfecciona con el fuego de Sagitario, y dentro del relación, ambos están motivados para explorar sus curiosidades inherentes. Aunque esta relación puede ser para siempre, deben ser cuidadosos. Esta pareja es definitivamente un camión de combustible, ya que ambos signos pueden ser* *extremadamente explosivos. Cada uno debe hacer el compromiso de darle al otro mucho espacio para relajarse después de una pelea.*

Sagitario y Tauro, *tienen necesidades completamente que son opuestas. Tauro requiere mantener su zona de confort intacta, sin amenazas a su seguridad, mientras que Sagitario necesita la conmoción y la pureza de la exploración. Tauro vincula el éxito a las cosas, mientras que Sagitario relaciona sus logros con la aventuras. Tauro está jactancioso de sus pensamientos firmes, mientras que Sagitario valora la facultad de cambiar de forma de pensar. Aunque estos dos signos existen en universos paralelos totalmente diferentes, son capaces de unirse en una relación. Si pueden encontrar una manera de apreciar sus puntos de vista opuestos, esta relación ofrece un poderoso equilibrio que inspira a ambos signos.*

Sagitario y Géminis, *son signos opuestos. No todos los signos opuestos son compatibles, pero esta unión es una de las asociaciones más completas que existen en astrología. Sagitario tiene que ver con el paisaje general. Géminis, por otro lado, está incitado por lo que existe en un nivel más concreto. Este signo de aire explora todos los pequeños detalles, llenando los vacíos de Sagitario. Cuando se asocian, estos dos* *signos se inspiran mutuamente en lo que les provoca curiosidad.*

Sagitario y Cáncer, *es una relación dificultosa, pero cuando se trata de temas del corazón, no existe nada imposible. Cuando esta relación está en su mejor momento, Sagitario estará fascinado de compartir sus historias con Cáncer, que es un excelente radioescucha. Sin embargo, estos dos signos existen en espacios totalmente diferentes. Cáncer requiere un hogar para sentirse seguro, mientras que la felicidad de Sagitario depende de su independencia para peregrinar. La comunicación honesta siempre es clave en el amor, si estos signos son valientes pueden avanzar juntos y hacerlo.*

Sagitario y Leo, *son sinónimos de pasión y amor. Sagitario está hechizado con el dramático Leo, y este está totalmente flechado por el ardiente Sagitario. Aisladamente, estos signos tienen dos de las naturalezas más grandiosas del zodíaco, por lo que cuando llegan a su vórtice, la dinámica es entusiasta, creativa y llena de vitalidad. En pocas palabras, simplemente tiene sentido. Sin embargo, estos signos de fuego, tan compatibles se darán cuenta velozmente que no existe relación perfecta. El egocéntrico Leo necesita la seguridad y honestidad de una pareja confiable, y Sagitario a menudo no puede ofrecer esas cosas. No es nada personal, simplemente ninguna* *relación sustituirá la libertad de Sagitario. Esto, por supuesto, es difícil de aceptar para Leo, por lo que esta pareja puede verse enredada en conflictos con frecuencia.*

***Sagitario y Virgo** son unas de las pareja menos probable de sobrevivir. Virgo todo lo etiqueta y organiza, y Sagitario odia sentirse etiquetado. Dado que Sagitario siempre está persiguiendo su flecha, tiene la reputación de ser poco confiable. Virgo, lógicamente tendrá muchos problemas para estar actualizado con su itinerario siempre incierto, por lo que cuando se comprometen, el centauro debe hacer lo imposible y tratar bien a su Virgo. Virgo nunca es el que inventa una aventura, pero cuando llega la ocasión apropiada, es curioso. Virgo es sobrio, y no se deja arrastrar por sus deseos. Sagitario, le gusta aprender. Para que los dos puedan obtener el mayor provecho de esta relación, Virgo deberá dejar de examinarlo todo en detalles y vivir el momento; y Sagitario debe tener ser muy paciente. Si ambos se ponen de acuerdo, su vida sexual será muy agradable.*

En esta relación la tensión estará presente, esta pareja debe encontrar un área común a través de intereses compartidos y explorar la oportunidad de crear un lenguaje que sea solamente suyo.

Sagitario y Libra *con frecuencia comienzan como amigos, ambos signos son extremadamente intelectuales, por lo que se conectan a nivel mental. Por supuesto, la atracción sexual se desarrolla rápidamente. Libra está regido por Venus, mientras que Sagitario está regido por Júpiter, los dos planetas conocidos como benéficos, definitivamente esta unión es extremadamente benévola. Todo es más grandioso que la vida con estos dos signos, hasta las peleas. Sagitario en ocasiones se desilusiona por la naturaleza seductora de Libra, y Libra puede molestarse fácilmente con la actitud concluyente de Sagitario. Pero incluso en el peor de los escenarios, Sagitario y Libra realmente se entienden. Mientras Libra se exprese desde el corazón, y Sagitario mantenga la paciencia, su brillo romántico continuará ardiendo intensamente por el resto de sus vidas, aun después de separarse. Libra es más sentimental que Sagitario, pero entre ellos existe mucha compatibilidad sexual. El comprensivo Libra busca satisfacer y es proclive a ver la sexualidad como un arte. Ambos deben crear el escenario apropiado para el amor.*

Sagitario y Escorpión *Son muy diferentes en varios aspectos, aunque ambos son personas apasionadas. La pasión de Escorpión es impulsada por las emociones, mientras que la de Sagitario es nutrida* *por la curiosidad. Cuando se unen, estas pasiones crean una energía dinámica centrada en disfrutar la vida al máximo. El sexo puede ayudarlos, pero para que puedan tener éxito, la relación requiere de un extremo compromiso. Escorpión y Sagitario pueden tienen algo especial, pero tienen que esforzarse mucho.*

Sagitario y Sagitario, *cuando alinean sus arcos, sus flechas y se montan en sus caballos viajan lejos. Esta pareja es genial, juntos viajan, aprenden y, quizás lo más importante, se divierten. Ninguno de los dos se toma la vida demasiado en serio, lo que puede dificultar que formen una relación duradera y comprometida. Dado que ninguno de los centauros se atrevería a confinar al otro, lleva mucho tiempo para que la pareja Sagitario-Sagitario se convierta en algo oficial. Pero realmente, así es como les gusta a estos arqueros, y esta pareja siempre estará más comprometida con sus novedades individuales, que con la pareja.*

Sagitario y Capricornio, *cuando se unen desde el principio sienten una tensión difícil de superar. Sagitario está regido por Júpiter, mientras que Capricornio está regido por Saturno, los dos planetas que se consideran cabecillas en astrología. Júpiter* *tiene que ver con la difusión de las fronteras, mientras que Saturno está vinculado a la limitación. Del mismo modo, esta relación puede percibirse como una discrepancia. Sin embargo, a través de una intercambio reflexivo, y un entendimiento recíproco, esta relación definitivamente puede ser exitosa. Es probable que Sagitario nunca comprenda por qué Capricornio es tan prudente en todo momento, y Capricornio este trastornado por el optimismo rígido de Sagitario. De todos modos, esta conexión se basa en el respeto mutuo, y si los dos se tienen confianza y se apoyan, la relación tiene el potencial de navegar a través de todos los problemas.*

Sagitario y Acuario *tienen una química sustancial. Ambos signos son independientes, y cada uno valora el enfoque único de la vida del otro. Aunque Sagitario es más flexible que Acuario, ambos signos saben que la vida existe fuera de su propia realidad fronteriza. Sagitario y Acuario quieren juntos romper las reglas y desafiar lo establecido. La singularidad y la inconformidad son fuerzas tan fuertes detrás de esta relación que es difícil establecer una identidad como pareja.*

Sagitario y Piscis*, Estos signos son la máxima expresión de su elemento en astrología. Sagitario es* *un incendio rústico y Piscis es un abismo en el mar. Como los dos signos son tan expansivos, ninguno puede devorar totalmente al otro. Sagitario vivirá satisfecho por la vívida fantasía de Piscis, mientras que Piscis estará sugestionado por el alma aventurera de Sagitario. Los dos signos son trotamundos, por lo que puede ser difícil echar anclas a esta relación. Sin embargo, si ambos están contentos con mantener la relación en un reino menos definido y más sutil, prosperarán como una pareja verdaderamente fantástica.*

Sagitario y la Vocación

Sagitario tiene un espíritu jovial. Es la persona a quien le suceden cosas curiosas, por eso siempre tienen una historia que contar.

Valoran el tiempo suyo y el de los demás. Por eso, dedica su atención solo a las personas que considera que puedan aprender algo.

Es inspirador y logra que los demás se sientan en la cúspide del mundo. Ayudan generosamente.

Mejores Profesiones

Sagitario es famoso por fijar la vista en un propósito y conseguirlo. Se esfuerzan por conseguir lo que quieren. Su sistema de creencias es inmutable.

Tienen un entusiasmo natural y buscan nuevas experiencias. Sagitario no puede permanecer inmóvil y tienen necesidad de explorar. Veterinarios, Teólogos, Abogados, diplomáticos, y Agentes de viajes.

Signos con los que no debe hacer Negocios

Sagitario es incompatible con Cáncer y Escorpión, estos dos signos que pertenecen al elemento agua emocionales, y necesitan tiempo para sentirse seguros, algo que Sagitario no admite en los negocios.

Signos con los que debe Asociarse

Se asocia positivamente con Piscis, Libra, Capricornio, Cáncer y Leo. Estos signos tienen una habilidad innata para los negocios.

Rituales para el Dinero

Hechizo para multiplicar el Dinero.

Necesitas:

- 1 billete de cualquier valor

- 1 sobre de color plateado o dorado

- 1 Lápiz, bolígrafo o tinta de color verde

Este hechizo lo debes realizar un jueves, de ser posible al a hora del Sol, del planeta Júpiter o Marte.

En el billete escribirás en verde tu nombre completo, fecha y lugar de nacimiento por una cara. En la otra cara escribes: "La prosperidad y la abundancia están presentes en mi vida". Colocas el billete dentro del sobre y séllalo. Doblas el sobre a la mitad y colócalo debajo de tu cama a la altura de tu cabeza. Ahí debe permanecer por 10 días. Pasado este lapso debes gastar el billete.

Hechizo Wiccano para Dinero.

Este hechizo es más efectivo durante los solsticios.

Debes conseguir una cinta de color dorado que tenga aproximadamente cuarenta centímetros de largo. Coges la cinta por una punta y hazle nueve nudos.

Mientras haces cada nudo debes repetir en alta voz las siguientes frases: "Comienzo mi hechizo con el nudo #1.

Con el nudo #2 mi trabajo será valioso.

Con el nudo #3, el dinero llega a mí.

Con el nudo #4, la abundancia llama a mi puerta. Con el nudo #5, mi economía progresa.

Con el nudo #6, este hechizo ha trabajado.

Con el nudo #7 recibo éxito en lo que pido.

Con el nudo #8, la fortuna me sonríe.

Con el nudo #9, todo lo que he pedido se cumple". La cinta la debes tener contigo o en un lugar que puedas verla diariamente.

Hechizo de la Abundancia.

Necesitas:

- 1 Huevo

- 1 pedazo de papel amarillo

- 1 Pluma

- Agua sagrada

Haz un agujero chiquito en el huevo y drena toda la clara y yema. Con el agua sagrada limpia el interior y el exterior del huevo.

A continuación, toma el pequeño pedazo de papel y escribe la cantidad de dinero que te gustaría recibir.

Coloca el papel en el interior del huevo.

Puedes decorar el exterior con el símbolo del dinero.

Entierra el huevo en tu patio o en una maceta.

Al hacerlo, dices: "En esta tierra todo mi dinero se multiplica y crece".

Ritual para Obtener Dinero en Tres Días.

Consigue cinco ramas de canela, una cáscara seca de naranja, un litro de agua de Luna Llena y una vela plateada. Hierve la canela y la cascara de naranja en el agua de Luna.

Cuando se enfríe colócala en un pomo atomizador. Enciende la vela en la parte norte de la sala de tu casa y rocía todas las habitaciones con el líquido. Mientras lo haces repites en tu mente: "Guías Espirituales protejan mi hogar y permitan que yo reciba el dinero que necesito inmediatamente".

Cuando termines, deja encendida la vela.

Dinero con un Elefante Blanco

Compra un elefante blanco con la trompa hacia arriba. Colócalo dirigido al interior de tu casa o negocio, nunca de frente a las puertas.

El primer día de cada mes, coloca un billete del valor más bajo en la trompa del elefante, doblado en dos a lo largo y repite: "Que esto se duplique por 100"; después lo vuelves a doblar a lo ancho y repite: "Que esto se me multiplique por mil".

Despliega el billete y déjalo en la trompa del elefante hasta el siguiente mes. Repite el ritual, cambiando de billete.

Ritual para Ganar la Lotería.

Necesitas:

- 2 velas verdes

- 12 monedas. (representan los doce meses del año)

- 1 mandarina

- Canela en rama

- Pétalos de 2 rosas rojas

-1 frasco de cristal de boca ancha y con tapa

-1 billete de lotería viejo

- Agua de Luna Llena

En el frasco colocarás la mandarina, a su alrededor el billete de lotería, las monedas, los pétalos y la canela, lo cubres con el agua de Luna y lo tapas.

Sobre la tapa del frasco colocas la vela y la enciendes. Al día siguiente reemplazarás la vela por una nueva y al tercer día destaparás el recipiente, botas todo excepto las monedas, que te servirán de amuleto.

Guarda una en tu cartera y las otras once las dejas en tu casa. Al finalizar el año debes gastar las monedas.

Ritual para Mejorar las Finanzas.

Necesitas:

- 12 monedas

- Aceite de mandarina

- 12 velas doradas en forma de pirámide

- 1 plato blanco

- 12 citrinas

- Bolsita plateada

Debes colocar la vela encendida en el centro del plato y las 12 monedas a su alrededor formando un círculo. Coloca las citrinas al lado de las monedas.

Dispersa unas gotas de aceite de mandarina a su alrededor. Mantén una vela dorada encendida durante 12 días. Pasado este lapso desechas los restos de las velas. Las citrinas y las monedas las colocas en la bolsita plateada y la pones debajo de tu colchón en la cabecera de tu cama.

Ritual para tener Dinero Efectivo siempre

Necesitas:

- 1 copa de cristal

- 15 Monedas

- 1 billete de uso corriente

- 1 vela dorada

- 1 aguja nueva de coser

- 3 cuarzos amatistas

Debes realizar este ritual un viernes a la hora del planeta Venus o el Sol.

Colocas dentro de la copa las monedas, las amatistas y el billete doblado en cuatro partes. Escribes con la aguja en la vela el símbolo de dinero ($$).

Enciendes la vela y repites en tu mente: "La abundancia me rodea y reclamo mi parte de lo que me toca en este abundante universo".

Coges el billete y lo escondes en tu cartera.

La copa con las monedas y las amatistas debes colocarlas en la izquierda de la puerta de tu casa.

Hechizo para Obtener Dinero Express.

Este hechizo es más efectivo si lo realizas un jueves.

Vas a llenar una fuente de cristal con arroz. Después enciendes una vela verde (la cual previamente debes haber consagrado) y la colocas en el centro de la fuente.

Enciendes el incienso de canela y rodeas la fuente con su humo a favor de las manecillas del reloj seis veces.

Mientras realizas este procedimiento repites mentalmente: "Abro mi mente y mi corazón a la riqueza.

La abundancia llega a mí, ahora y todo está bien.

El universo está irradiando riqueza a mi vida, ahora".

Los restos los puedes desechar en la basura.

Pócima de la Prosperidad.

En una cazuela pondrás siete ramas de canela, siete hojas de albahaca, manzanilla, clavo de olor y agua de Luna Llena. Hiérvelo todo por 10 minutos, cuando llegue al punto de ebullición lo retiras del fuego y lo tapas para que se enfríe. Todos los días a las 7:00 pm te tomarás una tacita de este preparado al cual le agregarás miel a tu gusto. Mientras los bebes repiten en tu mente:" Mi riqueza ya está dentro de mí. Yo atraigo dinero y oportunidades maravillosas en abundancia. La riqueza forma parte de mi existencia. "

Ritual para Ganar Dinero en los Casinos.

Debes conseguir una vela verde, una vela amarilla, un elefante blanco (figura), una hoja amarilla y bolígrafo de tinta dorada. Escribes en la hoja de papel el nombre del casino.

Enrolla el papel y lo pones en la trompa del elefante.

Colocas la vela verde al lado derecho del elefante y la amarilla del lado izquierdo, después las enciendes. Este ritual es más efectivo un jueves a la hora del planeta Júpiter o del Sol.

Ritual para el Dinero con la Santa Muerte

Necesitas:

- 1 imagen de la Santa Muerte dorada

- 7 monedas de uso corriente

- 1 imán

- 1 plato blanco

- 1 bolsita roja

- 1 cinta dorada

- 1 vela dorada

- 1 aguja de coser nueva

Debes escribir con la aguja la palabra prosperidad trece veces en la vela dorada.

Colocas esta vela enfrente de la figura, la cual previamente debes haber puesto en el plato blanco con el imán y las monedas.

Enciendes la vela y rezas esta oración a la Santa Muerte: "Muerte querida de mi corazón, no me desampares de tu protección, ni de día ni de noche, señora mía, yo te pido que desbloquees mis caminos hacia el éxito y la fortuna, que a través de esta llama sagrada lleguen todas mis súplicas a ti. Gracias, señora mía, por haberme oído". Cuando la vela se consuma, introduces el imán y las monedas en la bolsita roja, la atas con la cinta dorada. Debes llevarla contigo durante trece días.

Después la llevas a un cementerio y la dejas allí.

Mejores Países y Ciudades para Vivir

Países: *Arabia Saudí, Australia, Chile, Hungría, España, Sudáfrica, Ucrania, Madagascar, Estados Unidos, Cuba, México, El Salvador, Panamá, Colombia, Portugal, y Brasil.*

Ciudades: *Moravia, Toscana, Provenza, Narbona, Buda, Colonia, Nottingham, Sheffield, Stuttgart, Santiago de Chile, Santa Clara, y Toronto.*

Inciensos y Aceites Esenciales para el Dinero

Incienso y Aceite Esencial de Palo Santo. Su beneficio principal es la limpieza espiritual, pero es perfecto para utilizarlo si estás en periodo de negociación o firmas de contratos.

Plantas para el Dinero

Geranio: *es una de las plantas más antiguas que se le atribuyen propiedades mágicas.*

Es usada para el amor, la fertilidad y para la protección contra brujerías. Otra de las ventajas es que también atraerá a tu hogar el dinero.

Cuarzos para el Dinero

La Calcita Naranja: *se emplea para atraer la prosperidad al hogar y la abundancia. No solo es* *beneficiosa para las finanzas, sino también para la creatividad y la superación.*

La Calcita Verde es un poderoso talismán para atraer riquezas a tu negocio.

Esta piedra vibra con la energía de la abundancia financiera del universo.

Amuletos para el Dinero

Los Pentáculos de Júpiter que te garantizarán la Prosperidad.

Los pentáculos son figuras mágicas, capaces de transmitir a su entorno energías positivas. La acción de los pentáculos de Júpiter se deriva de la combinación de letras, signos y fórmulas benéficas, simbolizan gráfica y místicamente un deseo. Actúan claramente sobre la psique de las personas que tienen contacto visual con él.

La compilación más grande de pentáculos se halla en Las clavículas del rey Salomón, volumen de alta magia adjudicada a este rey bíblico. En ella se encuentran 36 pentáculos que tienen varias finalidades y entre ellas están los siete pentáculos de Júpiter.

Pentáculos para Prosperar.

El objetivo de estos pentáculos es proporcionar abundancia, resolver los conflictos relacionados con el trabajo y servir de ayuda a la hora de

percibir más directamente todo tipo de beneficios que conceden una mayor prosperidad.

Júpiter, el llamado Gran Benéfico en astrología, es un planeta que está relacionado con la expansión, el optimismo, los vínculos con personas poderosas y la capacidad de hacer fortuna. Deberás dibujarlos con mucha concentración y con la intención de que manifiesten tu voluntad. El material más adecuado es un trozo de pergamino. Una vez terminados, deberán ser colgados en algún lugar que sea visible como la caja registradora o en tu billetera. (puedes imprimirlos).

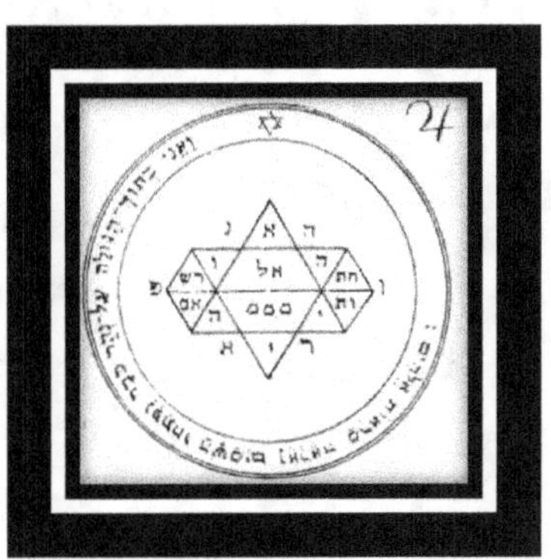

Afirmaciones para Recibir Dinero

Estos decretos los debes realizar por 21 días para que puedas ver los resultados, de ser posible tres veces al día. Si los repites en alta voz, serán más poderosos.

Yo soy abundancia perfecta y riqueza divina.

- *Yo soy la prosperidad en mis negocios y mis finanzas.*
- *Yo soy la sabiduría divina que moldea inteligentemente toda existencia. Camino con seguridad por la abundancia. Me veo a mí mismo en prosperidad.*
- *Yo tengo poder para crear mi propio mundo. Mis sueños se materializan porque persevero en ellos. Todo lo que me propongo lo logro.*

Las Vacaciones

Las vacaciones brindan beneficios a nivel físico y mental. Está demostrado que vacacionar disminuye los niveles de estrés, y beneficia el sistema inmunológico. En ocasiones planificar las vacaciones causa stress porque existen infinitas opciones y decidir se convierte en una tarea quimérica.

Utilizando la astrología, y entendiendo tu personalidad brinda una visión del lugar de vacaciones ideal para ti.

***Aries**, un resort con todo incluido y actividades deportivas al aire libre en una localidad cálida como Punta Cana, Cancún y las Islas Turcas y Caicos sería ideal. Australia, es un país emocionante que te brinda un caudal de emociones para que tu corazón se precipite.*

***Tauro**, una estadía en un lujoso resort en Cayman Island, o unas lujosas vacaciones en Dubái, en un hotel que tenga todas las comodidades será muy atractivo. Italia es un país perfecto porque ahí encontrará todo lo que siempre ha soñado: amor, encanto, lujo, comidas maravillosas y vinos de primera clase.*

Géminis, ama sentirse intelectualmente comprometido. Los viajes con excursiones guiadas como un safari en África o investigar las especies de las Islas Galápagos le ofrecen al comunicador del zodiaco una experiencia lujosa.

Cáncer, los viajes cortos, rodeados de familiares y amigos. Disney World, disfrutando de las atracciones y sus diversas comidas es una opción. En Orlando, Florida, existen múltiples hoteles y resorts fantásticos, cada uno con un tema exclusivo y fascinante.

Leo, hospedarse en un bungalow sobre el mar en Tahití es fantástico para este signo. Otra alternativa de lujo, algo que ama el león, seria rentar una isla tropical privada en las Maldivas, Fiji o en las Islas Vírgenes.

Virgo, Italia es tu mejor opción. En este país te mantendrán bien ocupado. Como signo de tierra te conectas con el mundo que te rodea, lugares como La Romana en República Dominicana, Puerto Viejo en Costa Rica, y Belo Horizonte en Brasil te inyectaran vida.

Libra, *apuesta por ciudades que tengan museos. Las vacaciones tropicales no serán tan satisfactorias para Libra como recorrer el Louvre en Paris, el Museo de la Acrópolis, en Atenas, Grecia, el Museo del Prado, en Madrid, España o la Galería de los Uffizi, en Florencia, Italia.*

Escorpión, *pasar unos días en una playa apartada con licores y masajes. En Grecia, Bali, St. Martin o Hawáii encontrarás todos estos lujos. Visitar sitios patrimoniales cerca de tu hotel de lujo sería una extraordinaria combinación de vacaciones tropicales y culturales. Mikonos y Roda en Grecia son destinos perfectos.*

Sagitario, *explorar el camino de Santiago, una red de caminos muy diferentes, todos ellos conduciendo a la ciudad de Santiago de Compostela. Cada senda tiene su historia, patrimonio y magia. Sagitario es un viajero que anhela nuevas experiencias por eso en Irlanda encontrará todo lo que está buscando.*

Capricornio, *un signo orientado a objetivos. Vacaciones donde puedan hacer nuevas relaciones de negocios. China sería espectacular. Capricornio tiene un sentido del valor histórico que otros signos no* tienen por esa razón países como Israel, y Egipto donde la historia está lo harán sentir en casa.

Acuario, adora las nuevas ideas, los lugares desconocidos, y las nuevas relaciones. Un país fantástico para visitar sería Japón no solo por su historia y cultura fascinante, sino porque cada una de sus regiones tiene algo diferente que brindar.

Piscis, un signo de agua que es feliz con vacaciones tropicales. Un hotel frente al mar sería ideal. La Isla "La Dique" en la República de Seychelles, quizás la playa más bella del mundo será un éxito seguro. Piscis, posee una visión sosegada de la vida, el estar regido por Neptuno lo convierte en un pensador creativo. Suecia es un país que debe visitar porque allí encontrará una cultura tan innovadora como él.

¿Quién es tu alma gemela de acuerdo con tu signo zodiacal?

Cuando escuchamos el término "almas gemelas", por lo general, pensamos que se están refiriendo a miembros de una pareja, es decir, alguien con quien se tiene una fuerte conexión sentimental-sexual. Sin embargo, las almas gemelas legítimas no siempre se relacionan desde ese punto de vista, y muchas veces ni siquiera están interesadas en el aspecto sexual de una relación.

Tu alma gemela no solo puede ser tu pareja, sino también tu padre, amigo, hijo, abuelo, jefe, o hermana.

Desde el punto de vista astrológico, y teniendo en cuenta que las lecciones que necesitamos aprender antes de alcanzar el siguiente nivel espiritual son las que definen el tipo de relaciones afectivas que requerimos desarrollar en la vida actual, podemos decir que Cáncer y Piscis son almas gemelas de Aries.

Con Cáncer y Piscis, los Aries no solo pueden enfocarse mejor y resolver los conflictos sin violencia, sino también desarrollar la empatía, es decir, la capacidad de ponerse en el lugar del otro y aprender a compartir.

A estos dos signos no les gustan los conflictos, y de llegar a tenerlos prefieren el diálogo antes que cualquier episodio de brutalidad.

Aries puede enseñar a Cáncer y Piscis a no necesitar la aprobación de los demás, a ser más arriesgados, y a no intentar complacer a todo el mundo, es decir a ser más asertivos.

El sensual Tauro, enemigo de los cambios, familiar consanguíneo de la inercia, tiene como alma gemela a Sagitario y Géminis, dos signos que saben que la vida es un viaje fascinante, pero no estático.

Ellos le pueden enseñar a Tauro que no tiene que permanecer donde ya no tiene que estar por temor a la incertidumbre, y que siempre habrá ciertas situaciones o circunstancias que sucederán sin que las esperemos, y sin que poseamos ningún poder para modificarlas. Tauro también tiene mucho que enseñar a estos signos.

Lecciones de fuerza de voluntad, a tener compromisos con los demás, a que se comprometan con lo que hacen y continúen hasta el final con persistencia, sin premura, ni lentitud. A tener principios, y a ser prudentes.

Leo puede balancear mucho karma con sus almas gemelas que pertenecen a Libra y Acuario.

Un Leo puede obstinarse con una idea o creencia errada por vanidad; Libra y Acuario saben que detrás de una persona egocéntrica existe una autoestima baja.

Libra le enseñará a Leo ecuanimidad y tolerancia, a usar el razonamiento y la diplomacia para mantener una comunicación fluida. Acuario, el signo opuesto a Leo, equipado de un juicio objetivo y justo ya que nunca se dejan llevar por los prejuicios, le enseñará a Leo a ver los corazones de las personas, a ofrecer su hombro y regalar palabras comprensivas en momentos de necesidad.

Leo nunca duda en el momento de tomar decisiones, y si lo hacen, no lo manifiestan, algo que debe practicar Libra.

La fidelidad es un sello en Leo, algo que desconoce Acuario, y los leoncitos le pueden dar lecciones de moralidad.

Virgo, conocidos como perfeccionistas, por el miedo inmenso que le tienen al fracaso, tiene como almas gemelas a Escorpión y Capricornio. A Virgo le gusta ser riguroso en sus decisiones y tiene un prototipo en casi todos los aspectos de su vida. Esta selectividad los frena a seguir el movimiento de la vida.

Literalmente Virgo destrozará un proyecto entero si siente que no fue perfecto en primer lugar, algo que nunca haría un Capricornio ya que su visión le permitirá ver que siempre se pueden tomar medidas alternativas, sin tener que volver a empezar.

Capricornio es un signo seguro de su propio espacio, no toman decisiones sin sentido, algo que algunas veces Virgo hace.

Por su parte Escorpión es capaz de mitigar lo peor y potenciar lo mejor de Virgo. Escorpión y Virgo tienen un enfoque práctico ante la vida, no obstante, los Escorpión son mucho más vividores que Virgo. Escorpión le aportará la decisión que le falta a Virgo, y Virgo aportará control y racionalidad al apasionado Escorpión.

Virgo logrará que Capricornio sea más agradable y juguetón a su lado, aislándolo de esa excesiva seriedad que a menudo muestra en su rostro.

La locura

La locura, se ha revelado a lo largo de la historia como una verdad oscura, enigmática, y conflictiva. Nos ha atemorizado, la hemos ignorado e incluso aceptado, y como resultado, a las personas que supuestamente la han padecido las hemos rechazado, eliminado y también honrado.

Cualquier conducta que sea incongruente con nuestro razonamiento no es necesariamente un acto de locura, sino una forma de proceder diferente.

Es un error si al sentirnos afectados o fastidiados por las acciones o locuras del prójimo desterrarlos, ya que eso no nos hace más razonables, equilibrados o perfectos, sino que nos hace igual de locos.

Definir locura es tan complejo como definir cordura, pero todos los signos zodiacales tienen su grado de locura.

Cáncer: *Es temperamental. Esto provoca que tengan una personalidad incomprensible vista desde afuera. La popularidad de locos se la ganaron por su carácter inconsistente que a veces perturba a las personas de su entorno.*

Escorpión: *Necesita del cambio para ser feliz, son capaces hacer locuras sólo para generar un poco de acción. Para ellos tener un arrebato es normal porque son adictos a los cambios y los frenesíes.*

Piscis: *Es imposible que no te contagie con sus locuras. Su inestabilidad y desequilibrio molesta a las personas que los rodean. Todo lo ven color de rosa, lo cual hace que los llamen locos porque siempre andan flotando en una nube.*

Géminis: *Es famoso por su dualidad. En ocasiones tiene conflictos consigo mismo. Aman los retos que implican peligros. Les encanta planificar aventuras improvisadas y siempre están dispuestos a bordear los límites de la locura máxima.*

Leo*: Cuando el fuego se instala en su cabeza piensan que todo lo que rodea su vida es más urgente que cualquier otra cosa. Son extravagantes y tienen actitudes que para otros son consideradas locuras. Es capaz de hacer cosas que una persona razonable nunca haría.*

Aries: *Se trastorna a sí mismo y a cualquiera que esté a su lado. Son testarudos y les gusta ser los primeros* en todo, aunque para eso tengan que cometer locuras. No sabe cómo retractarse, algo que los conduce a realizar actos irracionales.

Acuario: *Un signo rebelde y libre, que no le importa en lo más mínimo la opinión que tengan de ellos. Actúa de forma caprichosa, con actitudes locas que rompen los paradigmas.*

Sagitario: *Es divertido, pero violento con sus deseos de acción. No sabe medir las consecuencias de sus actos, algo que muchos consideran una locura. No es extraño verlos totalmente desbocados, transitando el terreno de la irresponsabilidad.*

Libra: *Añora la felicidad, y la armonía, y para conseguirlo está dispuesto a hacer cualquier locura. Son inestables, y eso los lleva a romper sus compromisos, algo que muchos consideran una locura.*

Virgo: *Llega a los extremos y se vuelve obsesivo. Tiene una visión de lo que desea escrita en piedra, nadie puede darles un consejo, no se dejan guiar. Al no escuchar cometen varias locuras.*

Tauro: *Cuando una idea aterriza en su mente no hay quien la destierre, llegando a cometer locuras para corroborar su hipótesis. Trata de poner a prueba su paciencia y descubrirás hasta dónde llega su nivel de locura.*

Capricornio: *No olvida absolutamente nada, no perdona y mucho menos, olvida, si le haces algo malo, no te preocupes porque va a recordártelo durante toda la vida hasta volverte completamente loco. Capricornio es locamente obsesivo con el control.*

La psicología detrás de la lotería.

Los juegos de lotería son muy populares en todo el mundo.

El sueño imposible de ganarse la lotería todos lo tenemos, ya que la ilusión de ser millonarios, por un golpe de suerte, aunque las probabilidades sean mínimas, es la razón principal por la que las personas jugamos.

Los jugadores perciben que el costo del ticket de lotería, con relación a las ganancias que obtendrían, si ganan, es minúsculo. El riesgo siempre lo percibimos de forma emocional, y si el mismo nos causa placer, tenemos la tendencia a ver dicho riesgo como insignificante y neutralizar la emoción de peligro, enfocándonos solo en los beneficios.

Los jugadores ven la lotería como una oportunidad única de ser premiados invirtiendo poco dinero, y con poca exposición al riesgo.

Los juegos tienen aspectos tradicionales y supersticiosos. Algunas personas siempre juegan los mismos números porque son sus favoritos, los relacionan a una fecha significativa, o los han soñado.

Otros juegan a una hora, día o en un lugar específico. Cuando pensamos que tenemos el control, nos sentimos confiados, ya que al elegir nosotros los números, en vez de jugar al azar, aunque las posibilidades de acertar son las mismas, tenemos la impresión de que estamos controlando el destino, y que las oportunidades están a nuestro favor.

Hay personas que solo juegan por divertirse, en estos casos la lotería trasciende el costo económico, transformándose en una diversión que es avivada cuando conjeturan todo lo que pueden hacer con el dinero que adquirirían.

Existen cinco descripciones psicológicas de los individuos jugadores de lotería:

El aventurero, *que se siente hechizado por los juegos que involucran grandes sumas de dinero, especulando con números al azar, y también con números planificados.*

El competidor, *que insiste en ostentar a través del juego que él apuesta para ganar.*

El avaricioso, *que no tiene fronteras para jugar, y no teme arriesgarse cuando apuesta.*

El táctico, *nunca juega de forma arriesgada, busca tácticas, estrategias, y conjuntos numéricos a la hora de jugar los números.*

El supersticioso, *que siempre juega las mismas combinaciones de números, utiliza talismanes, rituales, o comprará sus tickets en una fecha y lugar específico.*

¿Existe un truco o una fórmula para ganar la lotería?

Esa pregunta todavía no tiene respuesta. Hay muchos que especulan, y afirman, que hay más probabilidades de que te caiga un rayo, antes de que te ganes la lotería. Aunque otros estudian las posibilidades con gran perseverancia y sutileza.

Jugar la lotería, o cualquier otro juego de azar si se hace con medida, es una forma barata de comprar ilusiones y confianza en el futuro. La complicación surge cuando la persona no controla sus impulsos de jugar, generando una adicción al juego cayendo en la ludopatía.

Un ludópata es un individuo a quien los juegos de azar le ocasionan grandes dificultades en el trabajo, y en sus relaciones familiares, ya que las pérdidas lo inducen a jugar mayores cantidades de dinero con la aspiración de recobrar el dinero perdido. Esto se convierte en un círculo vicioso, y la única forma de resolverlo es con un tratamiento psicoterapéutico.

Los mejores regalos para los signos zodiacales

La entrega de regalos es una forma universal de demostrar que una persona nos importa y la apreciamos, pero comprarlos puede ser todo un reto, para algunos un auténtico dolor de cabeza.

Los planetas una vez te pueden brindar su ayuda, conociendo el signo zodiacal de la persona quizá puedas hacer el regalo ideal.

A los signos de fuego: Aries, Leo y Sagitario *les gustan los regalos que los hagan sentir importantes, que se relacionen con los deportes, los viajes, y la tecnología.*

Una cámara digital profesional, el modelo más reciente de IPhone, un ticket de avión con hotel incluido a un lugar turístico exótico o con antecedentes históricos, libros de negocios, ropa deportiva o equipos para hacer ejercicios, tickets de lotería, botellas de un buen vino y zapatos de marca exclusiva complacerán a estos signos grandemente.

Tauro, Virgo y Capricornio *que pertenecen al elemento tierra, en ocasiones son tradicionales, pero eso no significa que no les gusten los regalos de marcas reconocidas.*

Un cuadro de un pintor famoso, un cinto o un maletín para llevar sus papeles de trabajo, una billetera con sus iniciales, perfumes de marca, masajes o tratamientos para el cuerpo, un animal doméstico, batas de baño, pijamas acogedores, o incluso difusores de aromaterapia los harán felices.

Los signos de aire: Géminis, Libra y Acuario *no son materialistas, y la funcionalidad de un regalo es mucho más importante que el precio. Su imaginación es abundante, y cualquier cosa que estimule esta capacidad les atrae.*

Un teléfono celular, computadora o IPad, libros sobre crecimiento personal, espiritualidad, filosofía y terapias alternativas, cursos de autoayuda y empoderamiento económico, un telescopio, entradas para la ópera o el teatro, un animal que no tenga que estar enjaulado, cuarzos, aceites esenciales, sahumerios, y colonias para después del baño serán muy apreciados por estos signos.

Cáncer, Escorpión y Piscis*, los signos de agua, adoraran los regalos personalizados. Utensilios de cocina, una cena romántica en la playa bajo la luz de la Luna, un masaje relajante en un spa, lencería atrevida, zapatillas o un sofá cómodo para ver la televisión, una botella de champán, velas perfumadas,* *amuletos, libros de astrología, un juego de cartas del tarot, lociones, perfumes y accesorios de belleza, vino, galletas, conservas y toda variedad de productos gourmets están en la lista de los regalos que estos signos aceptarán con mucho placer.*

Hacer regalos es una bendición, es un gesto de generosidad; regalar es un acto simbólico que representa un halago, una atención hacia alguien a la que se quiere complacer y simboliza el afecto que le profesamos.

Cuando regalamos se mejoran y fortalecen las relaciones, se genera alegría.

Los signos zodiacales y sus miedos.

Los doce signos del zodiaco simbolizan doce arquetipos esenciales de la personalidad humana, pero al mismo tiempo se trata de prototipos psicológicos, por esa razón cada uno de los signos zodiacales tiene un miedo muy específico y personal.

Recordemos que el miedo es un mecanismo esencial de alarma y defensa del ser humano. Sólo se torna en un problema cuando es excesivo.

*Los miedos son inseguridades y algunas veces los proyectamos con las acciones contrarias como es el caso del signo **Aries**; reconocido por su voluntad férrea, nada ni nadie los paraliza. Les encanta controlarlo todo y su miedo más arraigado es fracasar o pedir ayuda, porque para ellos esto es sinónimo de debilidad.*

***Tauro** es el más terco de los signos de tierra. Los cambios los aterran, así como quedarse sin dinero, se pasan la vida ahorrando porque la pobreza los atemoriza.*

***Géminis**, el comunicador del zodiaco, un poco ansiosos e inseguros tratan de llamar la atención porque le tienen pavor a lucir aburridos. Hijos* *legítimos de la Luna, los Cáncer adoran su zona de seguridad porque allí nadie los puede lastimar, les horroriza la soledad y que los rechacen.*

__Leo__, el rey del zodiaco, líderes y valientes no nacieron para perder. Su miedo más arraigado es pasar inadvertido, prefieren que hablen mal de él, pero que no los ignoren.

El máster de la pulcritud __Virgo__, en ocasiones se vuelve compulsivo con el tema de la salud, por eso son hipocondriacos. Su miedo principal es enfermarse, pero la desorganización los espanta más que cualquier otra cosa.

Excepcionalmente inteligentes los __Libra__ son indecisos y ahí radica su miedo primordial: tomar decisiones. Otro de sus pavores es la soledad.

Los enigmáticos y seductores __Escorpión__ tienen una memoria de elefante, temen a la traición y si haces algo que les desagrada te lo guardaran eternamente. Nunca se te ocurra ocultarle un secreto a un Escorpión.

*El aventurero del zodiaco, **Sagitario** le da pánico el compromiso porque las exigencias le causan terror. Son muy divertidos, pero detrás de esa sonrisa se esconde el temor a ser engañados.*

*Exigentes hasta el extremo los **Capricornio** nunca se apartan de sus metas; su miedo principal es equivocarse, sobre todo a nivel profesional. Son abnegados y temen no obtener sus sueños.*

*Los rebeldes y utópicos **Acuario** temen perder su libertad, esto significaría perder su propia esencia. Siempre tienen muchas amistades, pero ninguna los ata. Ellos necesitan del grupo, pero no quieren que el grupo necesite de ellos.*

*La paz es sinónimo de **Piscis**, odian los careos. Compasivos hasta la medula les da miedo ver sufrir a los demás. Son un poco inseguros, tienen miedo escénico y temen al rechazo.*

Algunos libros antiguos de astrología responsabilizan totalmente a Saturno con el miedo en una carta natal, yo pienso que para que se origine el miedo debe manifestarse la alianza de varios planetas con sus correspondientes energías.

Es decir, los miedos están representados por varios planetas unidos mediante aspectos, no hay un planeta especifico que esté necesariamente relacionado con el desarrollo de algún tipo de miedo.

La Luna en Sagitario

Si tienes la Luna en Sagitario te gusta sentirte libre para explorar, y expandir tus horizontes. Eres apasionado, y que te gusta compartir tus sentimientos.

Te gusta sentirte activo, e interactuar con otras personas, culturas y filosofías. Siempre estás listo para una aventura, y abierto a aprender cosas nuevas.

La mentira más pequeña supone un gran problema para ti, porque la búsqueda de la verdad es fundamental para sentirte seguro. Puedes perdonar cualquier cosa excepto las mentiras y la traición.

Necesitas sentir que tienes suficiente libertad para explorar tu propio camino y descubrir tu propia verdad.

Cuando te sientes amenazado, tu reacción inmediata es escapar. Si no eres feliz, o no te sientes seguro, en una situación, te irás.

Tu libertad y tu verdad son los aspectos más esenciales para tu seguridad. En el momento en que falta alguna, querrás abandonar la situación, o dejar una relación.

No permiten nunca que las dificultades los decepcionen, porque, aunque el pasado o el presente sean oscuros, ellos siempre esperan un futuro mejor.

Detestan la rutina o experimentar problemas todo el tiempo, ellos necesitan una válvula de escape.

Son románticos en las relaciones, sin embargo, su lado emocional no disfruta de los celos.

Anhelan experimentar emociones fuertes.

Las personas que nacen con la Luna en Sagitario son optimistas por naturaleza. Tienen confianza ciega en el futuro, y esto les permite asumir riesgos, algo que puede ser bueno y malo a la vez.

Son personas con una fuerte necesidad de libertad, que se agobian si se sienten atados.

Son personas muy dedicadas a ellos mismos, pero no son egoístas.

La importancia del Signo Ascendente

El signo solar tiene un impacto importante en quiénes somos, pero el Ascendente es el que nos define realmente, e incluso esa podría ser la razón por qué no te identificas con algunos rasgos de tu signo zodiacal.

Realmente la energía que te brinda tu signo solar hace que te sientas diferente al resto de las personas, por ese motivo, cuando lees tu horóscopo algunas veces te sientes identificado y les da sentido a algunas predicciones, y eso sucede porque te ayuda a entender cómo podrías sentirte y lo que te sucederá, pero solo te muestra un porciento de lo que realmente pudiera ser.

El Ascendente por su parte se diferencia del signo solar porque refleja quiénes somos superficialmente, es decir, cómo te ven los demás o la energía que les transmites a las personas, y esto es tan real que puede darse el caso que conozcas a alguien y si predices su signo es posible que hayas descubierto su signo Ascendente y no su signo solar.

En síntesis, las características que ves en alguien cuando lo conoces por vez primera es el Ascendente, pero como nuestras vidas se ven afectadas por la manera que nos relacionamos con los demás, el

Ascendente tiene un impacto importante en nuestra vida cotidiana.

Es un poco complejo explicar cómo se calcula o determina el signo Ascendente, porque no es la posición de un planeta el que lo determina, sino el signo que se elevaba en el horizonte oriental en el momento de tu nacimiento, a diferencia de tu signo solar, depende de la hora precisa en que naciste.

Gracias a la tecnología y al Universo hoy es más fácil que nunca saber esta información, por supuesto si conoces tu hora de nacimiento, o si tienes una idea de la hora pero que no haya un margen de más de horas, porque hay muchos websites que te hacen el cálculo introduciendo los datos, astro.com es uno de ellos, pero por existen infinidades.

De esta manera, cuando leas tu horóscopo también puedes leer tu Ascendente y conocer detalles más personalizados, tú vas a ver que a partir de ahora si haces esto tu forma de leer el horóscopo cambiará y sabrás porque ese Sagitario es tan modesto y pesimista si en realidad ellos son tan exagerados y optimistas, y esto se deba quizás porque tiene un Ascendente Capricornio, o porque ese colega de Escorpión siempre está hablando de todo, no dudes que tenga un Ascendente de Géminis.

Les voy a sintetizar las características de los diferentes Ascendentes, pero esto es también muy general ya que estas características son modificadas por planetas en conjunción con el Ascendente, planetas que aspectan al Ascendente, y la posición del planeta regente del signo en el Ascendente.

Por ejemplo, una persona con un Ascendente de Aries con su planeta regente, Marte, en Sagitario responderá al entorno de forma un poco diferente a otra persona, también con un Ascendente de Aries, pero cuyo Marte está en Escorpión.

Del mismo modo, una persona con un Ascendente de Piscis que tiene Saturno en conjunción con él se "comportará" de manera diferente a alguien con un Ascendente de Piscis que no tiene ese aspecto.

Todos estos factores modifican el Ascendente, la astrología es muy compleja y no se lee ni se hacen horóscopos con cartas del tarot, porque la astrología además de ser un arte es una ciencia.

Puede ser habitual confundir estas dos prácticas y esto es debido a que, aunque se trata de dos conceptos totalmente diferentes, presentan unos puntos en común. Uno de estos puntos en común se basa en su origen, y es que ambos procedimientos son conocidos desde la antigüedad.

También se parecen en los símbolos que utilizan, ya que ambos presentan símbolos ambiguos que es necesario interpretar, por lo que requiere de una lectura especializada y es necesario tener una formación para saber interpretar estos símbolos.

Diferencias, hay miles, pero una de las principales es que mientras que en el tarot los símbolos son perfectamente comprensibles a primera vista, al tratarse de cartas figurativas, aunque haya que saber interpretarlos bien, en la astrología observamos un sistema abstracto el cual es necesario conocer previamente para interpretarlos, y por supuesto hay que decir, que, aunque podamos reconocer las cartas del tarot, cualquiera no puede interpretarlos de modo correcto.

La interpretación es también una diferencia entre las dos disciplinas porque mientras el tarot no tiene una referencia temporal exacta, ya que las cartas se sitúan en el tiempo solo gracias a las preguntas que se realizan en la tirada correspondiente, en la astrología sí que se hace referencia a una posición específica de los planetas en la historia, y los sistemas de interpretación que utilizan ambos son diametralmente opuestos.

La carta astral es la base de la astrología, y el aspecto más importante para realizar la predicción. La carta astral debe estar perfectamente elaborada para que la lectura tenga éxito y se puedan conocer más cosas acerca de la persona.

Para elaborar una carta astral, es necesario conocer todos los datos sobre el nacimiento de la persona en cuestión.

Es preciso que se sepa con exactitud, desde la hora exacta en que se dio a luz, hasta el lugar donde se hizo.

La posición de los planetas en el momento del nacimiento desvelará al astrólogo los puntos que necesita para elaborar la carta astral.

La astrología no se trata solamente de conocer tu futuro, sino de conocer los puntos importantes de tu existencia, tanto del presente como del pasado, para poder tomar mejores decisiones para decidir tu futuro.

La astrología te ayudará a conocerte mejor a ti mismo, de modo que podrás cambiar las cosas que te bloquean o potenciar tu cualidades.

Y si la carta astral es la base de la astrología, la tirada del tarot es fundamental en esta última disciplina. Igual que quien te realiza la carta astral, el vidente que te realice la tirada del tarot, será la clave en el éxito de tu lectura, por eso lo más indicado es que preguntes por tarotistas recomendadas, y aunque seguramente no te podrá responder concretamente a todas las dudas que te plantees en tu vida, una correcta lectura de la tirada del tarot, y las cartas que salgan en dicha tirada, te ayudarán a guiarte acerca de las decisiones que tomes en tu vida.

En resumen, la Astrología y el tarot utilizan simbología, pero la cuestión primordial es como se interpreta toda esta simbología.

verdaderamente una persona que domine ambas técnicas, sin duda, va a ser una gran ayuda a las personas que le van a pedir consejo.

Muchos astrólogos combinamos ambas disciplinas, y la práctica habitual me ha enseñado que ambas suelen fluir muy bien, aportando un componente enriquecedor en todos los temas de predicción, pero no son lo mismo y no se puede hacer horóscopo con cartas del tarot, ni se puede hacer una lectura del tarot con una carta astral.

Ascendente en Sagitario

Las personas con Ascendente en Sagitario tienen ideales nobles y objetivos elevados.

Este Ascendente es sinónimo de exploración, de viajes y optimismo. Las personas que tengan este Ascendente ven la vida como un viaje, y disfrutan del camino y lo que va surgiendo como fruto del destino.

Estas personas necesitan tener metas y objetivos para sentirse realizados. La forma que tienen de vivir la vida inspira al resto de personas que los rodean.

Estas personas deben ser cuidadosas porque pueden perecer ante la exageración y la exuberancia, viviendo por encima de sus posibilidades.

Aries – Ascendente Sagitario

Aries con Ascendente Sagitario son personas enérgicas, que no se dejan asustar por nada y que tienen mucha confianza en sí mismos. Siempre tienen una sonrisa en su labios.

En el área profesional, tienden a ser líderes y suelen sobresalir en profesiones que requieran iniciativa. Tienen entusiasmo y optimismo, haciendo que además de tener iniciativa les encante seguir creciendo. Profesionalmente a estas personas les suele ir bien en posiciones que requieran una mente abierta y capacidad de liderazgo.

En las relaciones sentimentales es probable les resulta sencillo encontrar pareja y que esta dure mucho tiempo, aunque probablemente surja alguna aventura en el camino.

Alginas veces son egoístas e irresponsables con sus actos. Se pueden dejar llevar por la pasión y el riesgo de hacer cosas peligrosas.

Tauro – Ascendente Sagitario

Tauro Ascendente Sagitario, se caracteriza por su generosidad y positividad en la vida.

Profesionalmente, estas personas son trabajadoras, conocidas por su perseverancia y esfuerzo. Sólo descansan cuando completan sus metas, que siempre estar impecablemente realizadas debido a su exigencia y búsqueda de la perfección.

Emocionalmente, valora la sencillez en las relaciones amorosas y sobresalen por su sensualidad y pasión. Cuando estas personas están enamoradas, hacen todo lo posible para mantener su lealtad y cumplir el compromiso con su pareja.

Estas personas son proclives a trabajar más allá de lo saludable, menospreciando sus propios límites y las horas de descanso.

Géminis – Ascendente Sagitario

Géminis Ascendente Sagitario es una combinación armónica. Para estas personas es esencial estar acompañados de alguien simpático, que ofrezca un diálogo ameno y libre de críticas.

A pesar de las variaciones en sus estado de ánimo, hacen lo posible por mantener la vida interesante y alejada del aburrimiento.

En términos profesionales, su naturaleza es versátil y adaptable, esto les permite asumir múltiples roles a la vez. Géminis con Ascendente Sagitario frecuentemente luchan por encontrar satisfacción y realización duraderas, resultando en cambios frecuentes de trabajo.

En las relaciones amorosas, la pasión no es el factor primordial, lo esencial para ellos es establecer una camaradería sana y fraternal que permita un vínculo más sólido y duradero.

Estas personas tienden a tener relaciones efímeras y superficiales. Su constante búsqueda de compañía y su inclinación innata hacia experiencias pasionales pueden dar lugar a relaciones poco satisfactorias.

Cáncer – Ascendente Sagitario

Cáncer Ascendente Sagitario son personas extrovertidas, y hábiles en las relaciones sociales. Sagitario.

Profesionalmente, estas personas están acompañadas por la fortuna, y esto tiene un impacto directo en su vida financiera. Siempre están involucrados en múltiples proyectos de negocios y actividades.

En las relaciones amorosas, experimentan una serie de amores intensos. La influencia de Sagitario disminuye la preocupación de Cáncer por la estabilidad de las relaciones, enfocándose más en el presente. Las relaciones de estas personas suelen ser bastante sensuales, y le dan mucho valor a la sexualidad.

Leo – Ascendente Sagitario

Leo Ascendente Sagitario son audaces y suelen tener un deseo natural de sumergirse en experiencias intensas y significativas. Son personas que se sienten atraídas por diversos intereses, aunque su pasión está inclinada hacia la exploración y los viajes largos. Tienen un impulso innato de establecer y perseguir metas y objetivos importantes.

En el terreno laboral, habitualmente sobresalen por su determinación y ambición. Cuando encuentran un proyecto que les entusiasma, se aferran al mismo hasta terminarlo, sin permitir que los obstáculos los disuadan. Tiene una notable determinación para triunfar y posee un talento natural para los negocios.

En el ámbito emocional, su actitud optimista y alegre tiene un efecto contagioso en su entorno. Son dotados de una notable capacidad de seducción.

Disfrutan del amor y las relaciones fugaces, pero tienen problemas para asumir compromisos duraderos.

Virgo – Ascendente Sagitario

Virgo Ascendente Sagitario poseen la capacidad intelectual necesaria para lograr grandes cosas en la vida. Sin embargo, su propensión al cambio provoca que alteren fácilmente el rumbo de sus propósitos, desviándose de sus objetivos deseados.

En el ámbito laboral su ambición y deseos de autoconocimiento los guían hacia el logro de un notable prestigio. Algunas veces debido a su indecisión y diversificación de intereses, no logran concluir sus metas.

Emocionalmente, estas personas tienen una intensa sensualidad exponiendo sus deseos más íntimos y profundos. Cuando encuentran una pareja que comprende su compleja personalidad, revelan un aspecto salvaje de sí mismos que es, por un lado, cauteloso, y por otro, independiente.

Libra – Ascendente Sagitario

Libra con Ascendente Sagitario son personas extraordinariamente sociables.

Estas personas prosperan en cualquier trabajo que les brinde libertad creativa y oportunidades para interactuar con los demás.

Al enamorarse, la tendencia innata de Libra hacia la armonía se intensifica gracias a una dosis adicional de optimismo. Estas personas aprecian profundamente la relación y tienen la capacidad de honrar la pareja.

Libra Ascendente Sagitario tienen tendencia a precipitarse en sus decisiones emocionales. Esto a menudo resulta en compromisos precoces y fracasos sentimentales.

Escorpión – Ascendente Sagitario

Escorpión Ascendente Sagitario lucen más accesibles de lo que realmente son, generando una paradoja inherente a esta combinación. Tienden a necesitar un cierto grado de aislamiento para sentirse seguros, y con frecuencia proyectan una personalidad extrovertida.

En su vida laboral se sienten más motivados en trabajos que requieran investigación. Son serviciales y cumplen a la perfección todo lo que se les encomienda.

Emocionalmente tienen un poderoso magnetismo sobre aquellos a su alrededor, por lo general son personas muy atractivas.

Alginas veces tienen inclinación a buscar control, interferir y dirigir el rumbo de la vida de otros.

Sagitario – Ascendente Sagitario

Esta combinación refuerza las características típicas de Sagitario, su optimismo y confianza sobresalen. Son muy directos con sus palabras, a veces pueden ofender a los demás, y siempre tratan de extraer una lección de todo lo que les sucede en la vida.

En su trabajo apuntan alto con los objetivos que se proponen ya que les encanta retarse ellos mismos. Si les gusta lo que hacen, no dudan en darlo todo.

En los sentimientos son personas con la autoestima baja, necesitadas de un refuerzo externo que les diga que valen. Generalmente son personas honestas que siempre van a actuar tal y como son, sin máscaras.

Capricornio – Ascendente Sagitario

Capricornio con Ascendente Sagitario son exigentes y meticulosos.

Profesionalmente poseen una perspectiva objetiva de sus habilidades. Son ambiciosos y perseverantes.

Se toman sus relaciones muy seriamente y se consideran a ellos mismos personas atractivas y conquistadoras.

Estas personas fluctúan entre la grandiosidad desmesurada de Sagitario y las restricciones impuestas por Capricornio. Algunas veces su avaricia no se limita únicamente al aspecto financiero, también pueden carecer de valores éticos.

Acuario – Ascendente Sagitario

Acuario con Ascendente Sagitario son personas de gran agilidad mental y que están en constante búsqueda de conocimientos. Son muy comunicativas, y empáticas.

En el trabajo sobresalen por la realización de proyectos grandes. Les encanta expandir sus horizontes y llevarlo todo al siguiente nivel.

En sus relaciones se sienten atraídos por lo desconocido y lo novedoso lo que les complica mantenerse atados en una relación.

Estas personas pueden llegar a ser muy impacientes y abarcar demasiadas cosas sin terminar ninguna.

Piscis – Ascendente Sagitario

Piscis con Ascendente Sagitario son muy dedicados a su familia, les encanta proteger. Son muy sensibles, intuitivas y responsable.

Pueden tener dificultades para establecer vínculos afectivos duraderos ya que están siempre en búsqueda de nuevos sin llegar a terminar de afianzar los viejos. Para ellos es complicado tener una pareja estable.

Son muy emocionales y pueden llegar a perder la cabeza en un momento determinado. Les resulta difícil tomar decisiones complicadas.

Saturno en Piscis, uno de los eventos astrológicos más importantes.

El 7 de marzo del 2023 fue uno de los días más importantes en el calendario astrológico de ese año. Saturno, el severo maestro, y señor del karma, se enfrentó con Piscis, el soñador. Este tránsito de Saturno en Piscis, que durará hasta febrero del 2026, no ha sido una mezcla bien recibida.

Saturno es un planeta de responsabilidad y autoridad estricta, que nos disciplina y estructura mientras transita a través del zodíaco. Saturno quiere cerciorarse de cómo estamos alcanzando nuestros objetivos, y cuando este planeta se mueve por Piscis, el signo más espiritual, algunas propuestas importantes se dirigen hacia nosotros.

Plutón y Saturno, cambiando tan al unísono, traerán un volcán energético gigantesco, y garantizado que será un período inolvidable. Esto puede resonar como una fórmula para la batalla, pero este combo energético, en realidad, puede ser eficaz y provechoso.

Saturno no está satisfecho en Piscis. Es difícil para él fundar estructuras y construir la realidad cuando todo es movedizo. Piscis es un signo dual, por eso puede expresarse de formas opuestas; puede ser lo mismo trascendental, como práctico. Existe la posibilidad de que Saturno en Piscis indique la construcción de formas encima o debajo del agua, o para dominar el agua, como conductos, acueductos y puertos. Pero también puede revelar el derrumbe de estas estructuras debido a huracanes o fragilidad estructural.

El arquetipo de Piscis es contradictorio con Saturno. Representa la utopía, la creatividad, espiritualidad y el esoterismo, así como los sueños, las ilusiones, las mentiras y el escapismo. Simboliza la aspiración de fluir como el mar, deshaciendo las fronteras y las restricciones.

El último tránsito de Saturno en Piscis fue de mayo del año 1993 a abril del 1996, esta etapa vio los resultados del colapso de la Unión Soviética en 1989 que causó secuelas en todo el mundo y aplastó la economía rusa. Rusia emprendió la primera guerra Chechena en el año 1994 que se extendió hasta 1996.

El Juzgado Penal Internacional para la ex Yugoslavia fue establecido en La Haya en mayo del año 1993 para procesar los crímenes de guerra realizados durante las beligerancias yugoslavas a principios de los años 1990.

Por otro lado, la guerra de Bosnia, entre croatas, bosnios y serbios se extendió con crueldades y expurgación étnica, y variadas ejecuciones. La guerra concluyó en el año 1995, y la mayoría de los comandantes serbobosnios fueron culpados de genocidio y crímenes contra la humanidad. En 1994 el genocidio de Ruanda empezó cuando las bandas hutus asesinaron a más de 700, 000 tutsis, y fueron violadas una cantidad incalculable de mujeres durante la masacre, que definitivamente terminó en julio. La crisis del desarme de Irak, después que término la primera Guerra del Golfo, estaba en su apogeo con mucho ruido y ninguna confianza entre los implicados. Una secta en Suiza denominada la "Orden del Templo Solar", realizó una cadena de crímenes y suicidios masivos, y aquí en los Estados Unidos, Timothy McVeigh asesinó a 168 personas en el atentado de la ciudad de Oklahoma.

Durante ese tránsito de Saturno por Piscis, fue cuando O.J Simpson fue detenido por el asesinato de su exesposa y el novio, y liberado después de un extenso juicio que fue todo un espectáculo al estilo de Hollywood.

En Londres, Fred West y su esposa Rose fueron encarcelados después de las extracciones en el patio de su casa de los cuerpos de múltiples víctimas de asesinato.

Sudáfrica tuvo sus primeros escrutinios multirraciales, y Nelson Mandela fue elegido presidente, aboliendo más tarde la pena de muerte en ese país. Rusia y China firmaron un acuerdo para parar de provocarse recíprocamente con sus artefactos nucleares, y el Tratado de "No Proliferación Nuclear" fue amplificado interminablemente por 170 países. En Australia se pactó indemnizar a los indígenas que fueron desalojados durante los ensayos nucleares en los años 1950 y 1960.

Otros eventos durante el tránsito de Saturno en Piscis comprenden corrientes religiosas, movimientos ideológicos como el socialismo y el izquierdismo, la transmisión de enfermedades y contagios, las conductas destructivas inducidas por el pánico, un incremento en el uso de drogas y desarrollo de todo tipo de arte, así como los medios de transporte marítimos.

Saturno en Piscis, va a procurar que no podamos utilizar la espiritualidad o el miedo para esquivar determinados conflictos que debemos enfrentar. Podemos meditar, ir a pasar cien años en el Tíbet, y utilizar los mantras más poderosos del universo, pero en algún momento, también debemos actuar.

Durante los últimos años que Saturno ha transitado por Acuario, ha existido la necesidad de concentrarse en la individualidad y ser más genuinos, en lugar de tolerar la coacción de los que nos rodean. Aunque Acuario es un signo conocido por bailar a su propio ritmo, como Saturno se trata de limitaciones, nos ha empujado a sentarnos solos con nosotros mismos (recuerda las restricciones durante la pandemia), y mirar dónde podemos situarnos para crear límites saludables.

Todas esas lecciones nos prepararon para lo que se avecina con Saturno en Piscis. Comenzaremos a ser más sensatos sobre cómo añadir la espiritualidad en nuestra vida diaria, mientras conservamos un entendimiento de como estructurarnos. Muchas personas abandonarán o cuestionarán las religiones o dogmas.

Por supuesto que hay muchos que no saborearán este período, entre ellos están los guías religiosos y los que promueven las teorías conspirativas. Veremos conflictos entre individuos de religiones disímiles, y muchas tendencias a tratar de dominar lo que los demás opten por creer.

Necesitamos aceptar que solo porque otros no estén de acuerdo con nuestras creencias, no significa que estén equivocados. Sencillamente indica que sus puntos de vista son diferentes, porque al final del día, Piscis defiende la inclusión. Algo que carecemos.

Como Piscis y Neptuno rigen los negocios del entretenimiento, grandes estudios y compañías discográficas cerrarán, y muchos artistas que han estado conectados a esos estudios decidirán crear el propio. Si eres un artista, te interesará utilizar tu trabajo de forma beneficiosa, en vez de dejar que las grandes compañías en la cúpula disfruten los dividendos.

Disminuirá el interés hacia los efectos especiales y una orientación mayor hacia las películas autónomas, y los temas que reflejen lo cotidiano. Apreciaremos la belleza a nuestro alrededor, y estaremos menos motivados por el glamour.

El karma muchas veces tendemos a verlo como algo maléfico, pero recoger lo que siembras no es malo, siempre y cuando te hayas portado bien. Trabajar con nuestro bagaje kármico y subconsciente, entender el pasado y estar listo para dejar ir, es decisivo para desenvolverse en este tránsito y salir de él con éxito.

Si esquivas esto, Saturno te sancionará, pero si lo abrazas, llegarás a un lugar que está predestinado a algo grandioso.

La ubicación de Saturno en nuestra carta natal indica dónde estamos obligados a obtener control de la realidad y asumir una mayor responsabilidad. Piscis es el último signo del zodíaco, por lo que el movimiento de Saturno aquí también indica un final o un punto de finalización para un ciclo mucho mayor.

Piscis es un signo de agua que representa la luz, la oscuridad y los mundos invisibles. Es conocido por sus ideas abstractas, y creatividad. Piscis es mutable, lo que significa que es adaptable, y abierto a las energías del mundo que la rodea. Saturno es una energía muy sólida. Rige sobre la ley, las responsabilidades y las restricciones, y su energía a veces puede sentirse como una llamada de atención, devolviéndonos a la realidad y haciéndonos enfrentar las consecuencias de nuestras acciones.

La presencia de Saturno en Piscis podría sentirse un poco pesada debido a todo esto, ya que la energía pisciana normalmente acuosa, intuitiva y sensible se verá obligada a volverse un poco más reservada.

Para entenderlo mejor puedes pensarlo de esta forma: si Piscis es agua que fluye suavemente, la presencia de Saturno va a construir diques, y estas retenciones pueden dirigir el agua en una dirección productiva y beneficiosa, pero también puede sentirse más opresora o controladora. Sin embargo, hay una manera de crear un equilibrio entre estas dos energías, ya que las ideas creativas, intangibles y externas de la energía pisciana pueden obtener algunas raíces gracias a Saturno.

Saturno tiene una energía práctica, así que, si combinamos esto con la creatividad de Piscis, hay un equilibrio que se puede lograr para ayudarnos a tomar nuestras ideas creativas y darles vida o incluso convertirlas en un negocio.

Piscis también está conectado con la religión y la espiritualidad, por lo que con Saturno podría haber muchas preguntas en torno a la religión y la espiritualidad y cómo está conectado con las reglas que gobiernan la sociedad, la industria espiritual también puede recibir una llamada de atención bajo esta energía, o a nivel personal tus propias actitudes y creencias sobre tu conexión espiritual o religiosa cambiarán.

Realmente Saturno lo que quiere es que demos un paso adelante y asumamos la responsabilidad de nuestras vidas y que actuemos de acuerdo con nuestro auténtico yo. Saturno puede imponer límites y restricciones que nos hacen sentir atrapados o sofocados, pero esto es solo para que podamos tomarnos el tiempo para descubrir lo que realmente queremos y lo que realmente estamos dispuestos a defender.

A continuación, puedes leer una síntesis de lo que el tránsito de Saturno en Piscis traerá para cada signo zodiacal. Si deseas obtener más provecho de toda esta información, te recomiendo que leas el de tu Signo Ascendente, si lo conoces y luego mezcles las interpretaciones.

Otra forma de obtener más información acerca de este transito planetario tan poderoso es que pienses en los temas que se desarrollaron en tu vida la última vez que Saturno estuvo en Piscis, que fue de año 1994 al 1996, para que obtengas información adicional sobre lo que este ciclo te puede traer.

¿Como afectará al Signo Sagitario?

Saturno en Piscis va a activar un ángulo divino de tu carta astral. Este rincón va a desencadenar problemas relacionados con quién eres y a quién presentas al mundo. ¿Son los dos la misma cosa, o presentas una versión diferente de ti mismo al mundo? ¿Qué tan profundo te conoces realmente a ti mismo?

Todos usamos máscaras, y todos estamos influenciados por las opiniones de los demás y las expectativas de la sociedad. Todos nosotros, hasta cierto punto, alteramos nuestro comportamiento cuando estamos cerca de ciertas personas. Si bien esto es natural y normal hasta cierto punto, Saturno en Piscis te ayudará a soltar las máscaras que ya no te sirven.

Este es un momento para ser real contigo mismo y con quién eres realmente.

No más fingir, no más esconderse detrás del perfeccionismo, o huir para escapar de tus problemas. No más buscar esa próxima aventura para distraerte de las realidades de tu vida.

Te vas a ver obligado a ser real contigo mismo, para que puedas volver a casa, para que puedas conectarte con tus raíces y con quién eres realmente, lejos de todas las máscaras y expectativas que se te han puesto. En este viaje, es muy posible que regreses a casa o necesites estar cerca de tu familia. Es posible que tengas que revisar las heridas de tu infancia o descubrir que estar cerca de tu familia desencadena ciertos patrones dentro de ti.

Alternativamente, la necesidad de regresar a casa también puede ser solo la necesidad de regresar al hogar dentro de ti mismo, o echar raíces en algún lugar donde te sientas estable. Existe esta necesidad de traer más estabilidad a tu vida, de establecerte en una especie de hogar.

El hogar es donde está el corazón, por lo que puede aplicarse muy bien aquí, pero tampoco sería sorprendente si surgen ciertos factores para ti alrededor de tu hogar o tu vida.

La energía de Saturno en Piscis tiene una sensación muy estable para ti. Si has estado buscando comprar una propiedad, vender una propiedad o hacer arreglos en tu hogar, esta energía puede ser muy favorable. Por supuesto, siempre es importante seguir tus propios instintos, pero definitivamente hay un fuerte enfoque en torno al entorno de tu hogar.

Esta energía también puede ser muy favorable si estás buscando formar una familia o establecerte en una relación más comprometida con alguien. Saturno en Piscis está trayendo raíces a tu vida, y a medida que veas que esas raíces se integran, puede ayudarte a saber con mayor claridad a qué realmente quieres estar arraigado.

A veces, cuando no nos comprometemos completamente, incluso si es inconscientemente, no apreciamos completamente las consecuencias de lo que estamos haciendo y de quién estamos rodeados.

Pero con Saturno colgando algunas raíces frente a nosotros, las apuestas se vuelven más altas y se nos hace más fácil darnos cuenta de a qué queremos estar arraigados y a qué no queremos estar arraigados.

Puedes encontrar la presencia de estas raíces actuando como una especie de despertar, ayudándote a darte cuenta de lo que está destinado para ti y con lo que ya no deseas estar conectado.

Saturno te está preguntando a qué deseas estar arraigado, y luego trabajará para asegurarse de que estás asumiendo la responsabilidad de cualquier raíz que hagas.

Saturno en Piscis puede traer mucho peso y responsabilidad, pero tú decides a qué deseas darle tu energía. Por supuesto, a veces la vida puede interponerse y obstaculizar, pero en su mayor parte, puedes elegir cómo deseas pasar tu tiempo. Si deseas mantenerte arraigado, bajo esta energía, puede ser necesario que te muevas a través de un ciclo de muerte y renacimiento de algún tipo.

Es posible que tengas que dejar ir algunas cosas, o algunas personas.

Es posible que tengas que poner fin a los comportamientos o patrones que ya no te sirven, y eventualmente renacerá, porque esencialmente estás entrando en una expresión más profunda y verdadera de quién eres. Puede ser confrontador hacer esto, y puede despertar muchos miedos e inseguridades, cuando esas máscaras bajan, puede ser difícil navegar por lo que encontramos debajo de ellas, pero eres hermoso o hermosa.

El verdadero tú, el tú sin máscara es perfecto y exactamente lo que se necesita en el mundo en este momento.

Saturno te ayudará a derribar los muros que te han mantenido atrapado u oculto, y te guiará para construir algunos nuevos que te permitan más apertura y más libertad. Como signo de fuego, la libertad es muy importante para ti, hay un estereotipo para Sagitario que es un caballo en un campo, el caballo es feliz en el campo cuando la puerta se deja abierta porque puede vagar y jugar en el campo.

Pero cuando la puerta está cerrada, el caballo es infeliz, es miserable y hará cualquier cosa para escapar.

Si bien eres conocido como el aventuro libre del zodíaco, Saturno está aquí para traer conexión a tierra a tu vida. Saturno puede cerrar la puerta, pero abrirá una ventana u otra puerta que no reconociste antes, dándote acceso a un punto de vista completamente nuevo. Puede ser desencadenante cuando Saturno en Piscis aparece, ya que es un poco de energía pesada y estás acostumbrado a la ligereza, pero hay lecciones profundas que tienes que aprender y descubrir aquí.

Hay muchos regalos que Saturno está esperando impartir. Uno de estos regalos es simplemente una comprensión más profunda y conectada de quién eres. Libre de las máscaras y expectativas de los demás y libre de huir de tus problemas.

Saturno te hará enfrentarte a ellos y sentarte con ellos hasta que hayas visto todo lo que tienen para mostrarte, pero a través de este proceso, encontrarás una libertad aún mayor.

Estarás libre de todo lo que acecha en tus sombras. Estarás libre de cualquier vergüenza o culpa o esqueletos.

Saturno en Piscis puede restringirte hasta que llegues allí, pero una vez que hagas el trabajo, un mundo completamente nuevo se abrirá para ti, uno que serás aún más libre para explorar.

Saturno es el guardián de nuestro contrato del alma, este es el contrato que nuestra alma hizo antes de entrar en este cuerpo físico, y Saturno quiere asegurarse de que estamos viviendo de acuerdo con él.

A medida que avanzas a través de este viaje de Saturno en Piscis durante los próximo años, te estarás alineando más estrechamente con el contrato de tu alma.

Te sentirás más conectado a tierra para enfocar tu energía en lo que realmente cuenta. Si bien tu hogar y tu vida familiar pueden destacarse, junto con las máscaras que usas, al final del día, simplemente estás entrando más en ti mismo.

Estás siendo guiado para despegarte de todo lo que te mantiene limitado y pequeño, y moverte hacia el potencial más alto y profundo de tu verdadero ser.

Bibliografía

Algunas informaciones fueron extraídas de los libros publicados por las autoras: Amor para todos los Corazones, Dinero para todos los Bolsillos y Horóscopo 2022 y 2024.

Artículos escritos en el Nuevo Herald por una de las escritoras.

Acerca de los Autoras

Además de sus conocimientos astrológicos, Alina Rubi tiene una educación profesional abundante; posee certificaciones en Sicología, Hipnosis, Reiki, Sanación Bioenergética con Cristales, Sanación Angelical, Interpretación de Sueños y es Instructora Espiritual. Rubi posee conocimientos de Gemología, los cuales usa para programar las piedras o minerales y convertirlos en poderosos Amuletos o Talismanes de protección.

Rubi posee un carácter práctico y orientado a los resultados, lo cual le ha permitido tener una visión especial e integradora de varios mundos, facilitándole las soluciones a problemas específicos. Alina escribe los Horóscopos Mensuales para la página de internet de la American Asociation of Astrologers, Ud. puede leerlos en el sitio www.astrologers.com. En este momento escribe semanalmente una columna en el diario El Nuevo Herald sobre temas espirituales, publicada todos los domingos en forma digital y los lunes en el impreso. También tiene un programa y el Horóscopo semanal en el canal de YouTube de este periódico. Su Anuario Astrológico se publica todos los años en el periódico "Diario las Américas", bajo la columna Rubi Astrologa.

Rubi ha escrito varios artículos sobre astrología para la publicación mensual "Today's Astrologer", ha impartido clases de Astrología, Tarot, Lectura de las manos, Sanación con Cristales, y Esoterismo. Tiene videos semanales sobre temas esotéricos en su canal de YouTube: Rubi Astrologa. Tuvo su propio programa de Astrología trasmitido diariamente a través de Flamingo T.V., ha sido entrevistada por varios programas de T.V. y radio, y todos los años se publica su "Anuario Astrológico" con el horóscopo signo por signo, y otros temas místicos interesantes.

Es la autora de los libros "Arroz y Frijoles para el Alma" Parte I, II, y III, una compilación de artículos esotéricos, publicada en los idiomas inglés, español, francés, italiano y portugués. "Dinero para Todos los Bolsillos", "Amor para todos los Corazones", "Salud para Todos los Cuerpos, Anuario Astrológico 2021, Horóscopo 2022, Rituales y Hechizos para el Éxito en el 2022, Hechizos y Secretos, Clases de Astrología, Rituales y Amuletos 2024 y Horóscopo Chino 2024 todos disponibles en cinco idiomas: inglés, italiano, francés, japonés y alemán.

Rubi habla inglés y español perfectamente, combina todos sus talentos y conocimientos en sus lecturas. Actualmente reside en Miami, Florida.

*Para más información pueden **visitar el website** www.esoterismomagia.com*

Alina A. Rubi es la hija de Alina Rubi. Actualmente estudia psicología en la Universidad Internacional de la Florida.

Desde niña se interesó en todos los temas metafísicos, esotéricos, y práctica la astrología, y Kabbalah desde los cuatro años. Posee conocimientos del Tarot, Reiki y Gemología. No solo es autora, sino editora juntamente con su hermana Angeline A. Rubi, de todos los libros publicados por ella y su mamá.

*Para más información pueden contactarla por email: **rubiediciones29@gmail.com***

www.ingramcontent.com/pod-product-compliance
Lightning Source LLC
Chambersburg PA
CBHW060201120726
48004CB00007B/1641